Jamal Qaiser

Mein Atomknopf ist größer

America vs. North Korea

Diplomatic Council Publishing

1. Auflage 2018

Bibliografische Information der Deutschen Nationalbibliothek

Die Deutsche Nationalbibliothek verzeichnet diese Publikation in der Deutschen Nationalbibliografie; detaillierte bibliografische Daten sind im Internet über http://dnb.d-nb.de abrufbar.

Printed in the Federal Republic of Germany
Umschlaggestaltung: Markus Miksch, Sinzig
Coverfoto: Saira Wasim, Chicago
Gestaltung: Markus Miksch, Sinzig
Satz: Markus Miksch, Sinzig
Druck und Bindung: Book on Demand GmbH, Norderstedt
Print ISBN: 978-3-947818-01-3

Inhalt

Vorwort

Anfang 2017 hielt ich einen Vortrag zum Nordkorea-Konflikt auf einer Tagung der ASEAN Konferenz in Berlin. Dann gab ich im September 2017 im Rahmen der UNO-Friedenskonferenz der Vereinten Nationen in Genf ein Statement darüber ab, wie wir langfristig eine friedliche Lösung in diesem Konflikt erreichen können.[i] In beiden Fällen kamen Botschafter und Diplomaten auf mich zu und gratulierten mir zu meinen Ausführungen. Sie sagten, dass bei den vielen Gesprächen, die über den Nordkorea-Konflikt mit unterschiedlichsten Personen geführt wurden, bislang ausschließlich eine Problemdiskussionen stattfanden, in meinem Vortrag erhielten sie zum ersten Mal eine Lösung präsentiert.

Mir ist vollkommen klar, dass die Chance, einen Krieg zwischen den USA und Nordkorea zu verhindern, ausgesprochen gering ist. Doch ich möchte mit diesem Buch zumindest den Versuch unternehmen, einer breiteren Öffentlichkeit eine neue Sicht auf diese Dinge zu präsentieren und vielleicht kann dadurch diese gefährliche Spirale doch noch unterbrochen werden.

Dieses Buch widmet sich außerdem den Themen Neo-Kapitalismus und US-Imperialismus. Beide Aspekte sind untrennbar mit dem Nordkorea-Konflikt verbunden und sie zählen zu einem der wichtigsten Motive für die aggressive Außenpolitik der USA.

Beide Entwicklungen sehe ich mit großer Besorgnis, da sie aus meiner Sicht in eine völlig falsche Richtung laufen. Eine Richtung, die dazu führt, dass wenige Länder auf gewaltsame Weise immer mächtiger werden, während andere Staaten daran zerbrechen. In diesem Buch gehe ich auch auf den heutigen Stand des Kapitalismus‘ ein und darauf wie der Übergang zum Neo-Kapitalismus stattfand. Erst wenn wir diese Zusammenhänge verstehen, wird klar, warum wir uns nach dem Zweiten Weltkrieg aktuell erneut an der Schwelle zu einem weiteren globalen Krieg befinden, mit vermutlich verheerenden Auswirkungen auf die gesamte Menschheit.

Mein Gewissen verlangt danach, meine Sicht der Dinge darzulegen, und zwar in erster Linie als DC Commissioner for UN-Affairs, der versucht, diese komplexe Situation als neutraler Beobachter darzustellen.

Ich vertrete seit 2016 das Diplomatic Council als UN-Commissioner for UN-Affairs. Das Diplomatic Council ist ein globaler Think Tank, der sich als Brücke zwischen Diplomatie einerseits und Wirtschaft und Gesellschaft andererseits versteht. Es handelt sich dabei um eine UNOakkreditierte Organisation mit besonderem Beraterstatus beim Wirtschafts- und Sozialrat der Vereinten Nationen.[ii]

Im Rahmen meiner Tätigkeit als DC Commissioner for UN-Affairs trete ich gegenüber der UN als Berater für die zivile Gesellschaft auf.

Die Reaktionen auf meine Reden in Berlin und in Genf führten zu diesem Buch und ich schrieb es für jene Leser, die eine friedliche Lösung für den Nordkorea-Konflikt suchen, die nach dem Weltfrieden streben, die genügend Weitsicht besitzen, um sich nicht von Kriegspropaganda in Politik und Medien beeinflussen zu lassen.

Ich sehe mich als einen flammenden Befürworter der europäischen Idee und meiner Ansicht nach schafft es nur die Europäische Gemeinschaft mit ihren 27 Mitgliedsstaaten, den Konflikt zwischen den USA und Nordkorea zu beenden und damit den Weltfrieden zu sichern. Sollten wir es nicht schaffen, wird es definitiv zu einem globalen Krieg kommen, der den Schrecken des Zweiten Weltkrieges nur um wenig nachstehen wird. Auch davon bin ich überzeugt.

Ich möchte den Bogen sogar noch weiter spannen: Die globalen Weltprobleme können aktuell nur mithilfe der Europäischen Gemeinschaft gelöst werden, und wenn diese ihrer außenpolitischen Verantwortung nicht nachkommt, haben wir alle ein gewaltiges Problem. Der Grund für diese besondere Rolle Europas wird in diesem Buch ebenso ausführlich behandelt

Sie erfahren in diesem Buch nicht nur, worum es in diesem Konflikt tatsächlich geht, und warum Donald Trump unbedingt diesen Krieg mit Nordkorea braucht, sondern auch, warum die nordkoreanische Führung unbedingt an ihrem Atomwaffenprogramm festhalten muss.

Trotz der schwierigen Ausgangslage vertraue ich auf eine friedliche Beilegung dieses Konfliktes und darauf, dass auch unsere nächsten Generationen in Frieden leben. Damit uns das gelingt, müssen wir alle unseren Beitrag dafür leisten. Niemand kann sich dieser Verantwortung entziehen.

Ihr

Jamal Qaiser

1 - Nordkorea

Bereits wenn der Name „Nordkorea“ in den Medien auftaucht, werden Schreckensmeldungen vermutet. Nicht zuletzt deshalb, weil dieses Land von den meisten Menschen - zumindest in der westlichen Welt - schlichtweg verteufelt wird.

Doch bevor man sich mit der Gegenwart Nordkoreas auseinandersetzt, muss man dessen Geschichte kennen, um sich überhaupt in die Gedankenwelt der dort lebenden Menschen hineinversetzen zu können. Aus meiner Sicht wird Frieden dort nur möglich sein, wenn man versteht, woher diese Menschen überhaupt kommen und welche Ereignisse aus der Vergangenheit diese Nation prägten und heute noch prägen.

Die Entstehungsgeschichte Nordkoreas

Im Jahre 1945 warfen US-amerikanische B-29 Superfortress Langstreckenbomber zwei Atombomben über Japan ab. Die beiden Städte Hiroshima und Nagasaki wurden dabei zu einem großen Teil vollständig zerstört, gleichzeitig starben etwa eine viertel Million Menschen.[1]

Das alles geschah in der unmittelbaren Nachbarschaft zu Nordkorea und natürlich auch zu anderen Ländern wie China. Dieser Angriff der USA - oder Vergeltungsschlag, je nachdem, von welcher Seite er betrachtet wird - zeigte der gesamten Welt, welche Gefahr von diesem Land ausging und meiner Meinung nach bestand genau darin auch das (oder: ein) Kalkül der Vereinigten Staaten. Denn damit zeigten die USA, dass sie nicht nur in der Lage sind, jedes Land auf diesem Planeten mehr oder minder zu vernichten, sondern dass sie auch die Entschlossenheit dazu besitzen.

Jetzt stellen Sie sich einmal vor, in Ihrer direkten Nachbarschaft wird plötzlich ein Haus in die Luft gesprengt und es dauert nicht lange bis allgemein klar wird, diese Bombe stammte von einem Großgrundbesitzer, der drei Ortschaften weiter entfernt von Ihnen wohnt. Zusätzlich greift weder die Polizei ein, noch werden sonst irgendwelche Anstrengungen unternommen, um diesen Verrückten zur Rechenschaft zu ziehen. Die meisten Familienmitglieder Ihres Nachbarn, den Sie zumindest kennen, auch, wenn sie nicht immer ein freundschaftliches Verhältnis pflegten, wurden bei diesem Angriff getötet.

Wie werden Sie künftig über diesen Großgrundbesitzer denken, oder wie werden Sie sich ihm gegenüber verhalten, sollten Sie jemals in Kontakt mit ihm treten? Richtig, Sie werden sich fragen, ob Sie an der Reihe sind und Sie werden versuchen, Maßnahmen zu ergreifen, um sich vor diesem Typen zu schützen.

Genau das ging mit hoher Wahrscheinlichkeit in den Köpfen der Staatsoberhäupter sämtlicher asiatischer Länder vor und natürlich auch in der nordkoreanischen Führung.

Ich denke, es ist klar ersichtlich, dass die USA generell - vielleicht mit Ausnahme von Europa - eher kritisch oder zumindest aus einer distanzierten Position heraus betrachtet werden. Der Grund liegt darin, dass die Vereinigten Staaten von Amerika in den meisten Regionen dieses Planeten entweder Kriege führten, kriegsähnliche Militäraktionen durchführten (entweder direkt oder durch Unterstützung regional ansässiger Militärapparate) oder mittels Sanktionen starken Druck auf Bevölkerung und Regierung ausübten. Einzig in Europa traten die USA nach dem Zweiten Weltkrieg bislang als Unterstützer auf, vielleicht mit Ausnahme von Ex-Jugoslawien.

Der Atombombenabwurf zählt sicherlich zu einem der Hauptgründe, weshalb viele Länder schlichtweg Angst vor diesem mächtigen Land haben.

Was geschah weiter, nachdem die beiden Atombomben auf Japan abgeworfen wurden? Diese Bombenabwürfe beendeten schließlich den Zweiten Weltkrieg und sie führten zu einer Loslösung Koreas aus der Kontrolle Japans.[2] Lediglich von 1897 bis 1910 war der kleine Staat selbstständig. Zuvor war die Geschichte Koreas eng mit jener von China verbunden, ab dem 17. November 1905 stand es schon unter japanischem Protektorat und 1910 wurde es endgültig annektiert und unter dem Namen Chōsen als japanische Kolonie geführt.[3] Erst nach der Kapitulation des Japanischen Kaiserreichs am 15. August 1945, galt Korea - mal wieder - als freier Staat.

Diese Freiheit währte jedoch nicht lange, da bereits kurz darauf sowjetische Soldaten (im Norden) und amerikanische Militärs (im Süden) das Land besetzten, wobei die Grenze entlang des 38. Breitengrades gezogen wurde. Dieser Schritt wurde im Rahmen der offiziellen amerikanisch-britisch-chinesischen Bedingungen für die Kapitulation Japans - die in der sogenannten „Potsdamer Erklärung" festgehalten wurden - vereinbart. Unter Punkt sieben der Potsdamer Erklärung stand: „Bis diese neue Ordnung erreicht und der japanische Kriegsapparat ausgeschaltet sei, würde es eine gezielte Besetzung Japans durch die Alliierten geben."[4]

Dies betraf auch Korea, obwohl es theoretisch nicht mehr dem Japanischen Kaiserreich angehörte. Es waren dort jedoch nach wie vor zahlreiche Soldaten der Kaiserlich Japanischen Armee stationiert. Diese mussten sich - vereinbarungsgemäß - dem sowjetischen und amerikanischen Militär ergeben.

In der Folge verhandelten die beiden Supermächte bis zum Jahre 1947 über ein vereintes Korea, und als diese Verhandlungen ergebnislos blieben, trugen die USA die „Koreafrage“ an die Vereinten Nationen weiter. Dies führte schließlich am 14. November 1947 zu einer UN-Resolution, die den Abzug aller ausländischen Truppen sowie zusätzlich freie Wahlen und die Installierung einer UN-Kommission vorsah. So kam es zum Truppenabzug seitens der damaligen Sowjetunion, der bis Ende 1948 abgeschlossen war. Bereits am 10. Mai 1948 kam es zu Neuwahlen im südlichen Teil Koreas, worauf Rhee Syngman offiziell die Regierungsgeschäfte von der US-amerikanischen Militärregierung übernahm. Die Antwort des Nordens ließ nicht lange auf sich warten und es wurde - unter sowjetischer Führung - am 9. September 1948 die Demokratische Volksrepublik Korea mit Kim Il-sung als Präsident gegründet.[5]

Damit lag die Chance auf einen einheitlichen Staat Korea in etwa so fern wie eine gemeinsame Staatenlösung zwischen Israel und Palästina, um ein Beispiel aus heutiger Zeit zu nennen. Nachdem also die Truppen der Supermächte abgezogen waren, standen einander plötzlich zwei Länder gegenüber, die jeweils für sich den Anspruch auf die Führung und Kontrolle gesamt Koreas geltend machten. Jegliche Friedensbemühungen gingen unter dem Einfluss der ehemaligen Besatzungsmächte USA und Sowjetunion unter, wodurch es schließlich am 25. Juni 1950 zur unvermeidlichen Eskalation kam: Nordkorea griff den Süden an.

Der Koreakrieg

Schon bald nach Kriegsbeginn schalteten sich zwei Supermächte ein - diesmal jedoch der alte Bekannte USA und ein neuer Akteur, nämlich China - und so sorgten amerikanische sowie chinesische Panzer und Bomben für eine beispiellose menschliche Tragödie. In den Jahren von 1950 bis zum Kriegsende am 27. Juli 1953, als die UNO und Nordkorea in Panmunjom ein Waffenstillstandsabkommen schlossen, verloren in diesem Konflikt über 4,5 Millionen Menschen ihr Leben. Zu einer Million getöteter Südkoreaner kamen 2,5 Millionen Nordkoreaner und etwa eine Million Chinesen im Laufe dieses Krieges um. Außerdem starben in diesem Krieg knapp 37.000 US-Amerikaner sowie etwa 3 000 UNO-Soldaten. Alleine von US-amerikanischer Seite wurden knapp eine halbe Million Tonnen an Bomben von Kampfbombern auf Nordkorea abgeworfen und das bei einem Land, das mit einer Landfläche von 120 538 Quadratkilometern gerade mal ein

Drittel von Deutschland (357 385 Quadratkilometer) aufweist. Recherchen ergaben, dass wirklich jede Familie in Nordkorea in diesem Krieg Familienmitglieder verloren hat.[6]

Zum Vergleich: Im Verlauf des gesamten Zweiten Weltkrieges (1938 bis 1945) warfen die Alliierten insgesamt zwei Millionen Tonnen an Bomben über Deutschland ab. Die USA deckten also ein Land mit der Größe von etwa Österreich und der Schweiz zusammen (Gesamtfläche: 125 163 Quadratkilometer) mit einer Menge an Bomben ein, die noch nie ein einzelner Staat zuvor - und danach - abgeworfen hatte.

Nordkorea heute

Die Demokratische Volksrepublik Korea umfasst neben der bereits erwähnten Gesamtfläche von über 120 000 Quadratkilometer mehr als 24 Millionen Einwohner, wodurch es zu einer Bevölkerungsdichte von 200 Personen pro Quadratkilometer kommt, in etwa vergleichbar mit Deutschland, das auf 231 Personen kommt. Seit 1960 verdoppelte sich die Bevölkerung, wobei die Lebenserwartung mit 67,2 Jahren bei Männern und 74,1 Jahren bei Frauen unter jener in Gesamteuropa mit 75 und 81 Jahren liegt und am besten mit der Lebenserwartung der Menschen in Osteuropa verglichen werden kann (68 und 78

Jahre).[7] Die Sterberate bei Säuglingen lag im Jahre 2008 lt. offiziellen Angaben Nordkoreas bei knapp unter zwei Prozent und die Fertilität pro Frau lag 2016 bei 2. Somit gibt es pro Familie zwei Kinder.[8]

Wer in Nordkorea als junger Mensch studieren möchte, kann auf eine der 27 Universitäten bzw. Fachhochschulen des Landes gehen.[9] Zuvor muss er jedoch die schulische Grundausbildung absolvieren, die grundsätzlich kostenlos ist und insgesamt 11 Jahre dauert. Nach der Schule gehen wohl die meisten koreanischen Männer zum Militär und nur ein geringer Prozentsatz besucht die Oberstufe als Vorbereitung zur akademischen Weiterbildung.[10]

Es handelt sich also durchaus um ein gebildetes Volk und nicht um einen rückständigen und ungebildeten Bauernstaat, in dem primär Analphabeten leben, wie Nordkorea in den Medien gerne unterschwellig dargestellt wird. Die Alphabetisierungsrate Nordkoreas - darunter wird eine Person verstanden, die im Alter von 15 Jahren lesen und schreiben kann - liegt bei 99,9 Prozent und damit befindet sich dieses Land noch vor Nationen wie beispielsweise Italien, Ungarn, Spanien oder Kroatien.[11]

Die wirtschaftliche Entwicklung des Landes ist natürlich geprägt von umfangreichen Sanktionen. Da Nordkorea lediglich über geringe eigene Bodenschätze verfügt und auf

Zukäufe aus dem Ausland angewiesen ist, kommt es hier immer wieder zu gefährlichen Engpässen im medizinischen Bereich, aber auch in der Versorgung mit Nahrungsmitteln für die Bevölkerung, wodurch es immer wieder zu Hungersnöten - wie zuletzt 1996 und auch teilweise in den vergangenen Jahren[12] - kommt. Durch diese Umstände beläuft sich auch das Pro Kopf Bruttoinlandsprodukt mit etwa 600 US-Dollar nur auf etwa ein Vierzigstel dessen von Südkorea.[13]

Auch der Tourismussektor - als mögliche zusätzliche Einnahmequelle - stagniert auf einem ausgesprochen niedrigen Wert: Etwa 4 000 bis 6 000 Touristen besuchen jährlich das Land.[14] Kein Wunder, angesichts von Fällen wie jenem des US-amerikanischen Studenten Otto Frederick Warmbier, der nach der Entwendung eines Plakates im Jahre 2016 zu einer Freiheitsstrafe von 15 Jahren verurteilt wurde und 2017 verstarb, kurz, nachdem er - im Wachkoma liegend - in die USA ausreisen konnte. Die Hintergründe, die zum Tod des Amerikaners führten, konnten bislang nicht geklärt werden und auch der Verdacht auf Folter in Nordkorea konnte nie bewiesen werden.

Gerade in einem Land, das als isoliertester Staat der Welt gilt, finden derartige Ereignisse in den weltweiten Medien weitaus mehr Beachtung, als vergleichbare Fälle in beliebten Urlaubsländern wie beispielsweise in Mexiko, Ägypten, Großbritannien, Deutschland oder irgendwo in den USA, die übrigens das Land mit der weltweit höchsten Rate an Gewaltverbrechen sind.[15] So wurde beispielsweise in Baltimore, der größten Stadt im US-Bundesstaat Maryland, im Jahr 2017 jeden Tag ein Mensch ermordet, statistisch betrachtet.[16]

Mit diesem Vergleich soll das Schicksal Otto Warmbiers keinesfalls verharmlost werden, im Gegenteil: Jegliche Form von Misshandlung und Gewalt muss kompromisslos verurteilt werden. Ich möchte damit aufzeigen, dass Nordkorea höchstwahrscheinlich ein genauso sicheres Urlaubsland darstellt wie viele überaus attraktive Urlaubsziele an anderen Orten dieser Welt.

Die nordkoreanische Armee zählt mit etwa 1,3 Millionen aktiven Soldaten und 4,7 Millionen Reservisten neben China, Indien und den USA zu einer der zahlenmäßig größten Streitmächte der Welt. Im Verhältnis zur Einwohnerzahl handelt es sich bei Nordkorea ohnehin bei Weitem um das am stärksten militarisierte Land überhaupt. Hingegen wird bezüglich der Waffen und der Ausrüstung von insgesamt veralteten Technologien ausgegangen.

Seit einigen Jahren betreibt Nordkorea ein ambitioniertes Raumfahrtprogramm. Dabei plant der Führer des Landes - Kim Jong-un - nicht nur eine Mondlandung unter nordkoreanischer Flagge, sondern nach seinen Vorstellungen sollen seine Astronauten künftig sogar fremde Planeten erforschen.[17] Dieses Weltraumprogramm mag ehrgeizig klingen, jedoch startete am 12. Dezember 2012 eine Rakete, die einen Satelliten erfolgreich in die Erdumlaufbahn brachte.[18]

Für mich passt es irgendwie nicht zusammen, wenn ein Staatsoberhaupt - wie in diesem Fall Kim Jong-un - ein Raumfahrtprogramm ehrgeizig vorantreibt, um den Mond oder sogar andere Planeten zu erforschen (wie ambitioniert dieser Plan auch immer sein mag), gleichzeitig die Erde mit Atomraketen in einen Dritten Weltkrieg verwickeln möchte. Auch passt das Bild des barbarischen Diktators - wie er auch häufig in den Medien dargestellt wird - nicht zum Ausbau von Universitäten in Nordkorea. Als die Bilder der Eröffnung der Olympischen Winterspiele 2018 in Südkorea mit dem gemeinsamen Auftritt der nord- und südkoreanischen Sportler um die Welt ging, war für mich klar, dass wir es hier nicht mit einem verrückten Staatsoberhaupt zu tun haben, das mit aller Gewalt einen Konflikt mit den USA anzuzetteln versucht, um diesen Planeten in Schutt und Asche zu legen. Alle diese Bilder passen nicht zusammen und darin lag unter anderem auch meine Motivation, dieses Buch zu schreiben. Das Thema Raumfahrtprogramm führt beinahe automatisch zum nächsten Punkt, und zwar jenem, der wohl für den meisten internationalen Zündstoff sorgt: dem Nuklearprogramm Nordkoreas.

Im Rahmen dieses Programms fand im Jahre 2006 auf nordkoreanischem Boden erstmals eine Kernwaffenexplosion statt, die für heftige internationale Kritik sorgte.[19] Damit stieg das Land zur Gemeinschaft jener Staaten auf, die Nuklearwaffen besitzen. Übrigens verfügen weltweit acht weitere Länder über ein militärisches Atomwaffenprogramm und von den weltweit etwa 15 000 offiziell existierenden Nuklearsprengköpfen befinden sich in Russland und den USA mit jeweils rund 7 000 Stück die meisten, gefolgt von Frankreich (300), China (270), Großbritannien (215), Pakistan (130 bis 140), Indien (120 bis 130) und Israel (80 Nuklearsprengköpfe). Nordkorea wird auf 10-20 dieser verheerenden Waffen geschätzt.[20]

Wie gefährlich ist Nordkorea wirklich?

Diese Frage lässt sich nicht beantworten. Ebenso wenig, wie sich eine Frage nach der Gefährlichkeit von Deutschland, Russland, Frankreich, Israel, Großbritannien oder den USA beantworten lässt. Die unbestreitbare Tatsache ist jedoch, dass Nordkorea seit dem Jahre 1953 in keinen einzigen militärischen Konflikt mehr verwickelt war. Lassen Sie es mich vielleicht anders ausdrücken: Von den neun Ländern, die über Atomwaffen verfügen ist Nordkorea tatsächlich das einzige Land, das seit 1953 keinen militärischen Konflikt austrug, geschweige denn, dass es Kriege ohne UN-Mandat führte, wie es bei einigen anderen Atommächten durchaus vorkam.[21]

Nordkorea führte also seit über 65 Jahren keinen Krieg und sollte daher als eines der friedlichsten Länder der Welt aufgeführt werden. Der Grund, weshalb dieser Staat auf keiner Liste der friedlichsten Staaten des World Peace Index zu finden ist, liegt daran, dass offiziell kein Friedensabkommen mit Südkorea existiert, sich also beide Länder - auf dem Papier - noch im Kriegszustand befinden.

Nuklearwaffen hin oder her: Auf Basis der geführten kriegerischen Auseinandersetzungen ist dieses Land in einem Atemzug mit Ländern wie Island, Neuseeland, Chile oder Dänemark zu nennen, während Staaten wie Großbritannien, die USA oder Frankreich zu militärisch hoch aktiven Nationen zählen.[22]

Natürlich wurden wir in der Vergangenheit immer wieder Zeugen von Schilderungen ehemaliger Gefangener oder Flüchtlinge über grauenhafte Misshandlungen und Folter durch Militärs und Polizei in Nordkorea. Solcherart Handlungen müssen von der Staatengemeinschaft unbedingt und rigoros verurteilt werden, keine Frage. Doch wie verhält es sich dann mit ähnlichen Menschenrechtsverletzungen, die - laut Amnesty International - in 160 Ländern der Erde verübt werden? Und davon sind weder Staaten wie Deutschland, noch Russland, die USA, Großbritannien und viele andere ausgeschlossen.

Ich möchte mit dieser Darstellung in erster Linie eines erreichen: Eine Basis für dauerhaften Frieden zu schaffen, einen Weg aufzeigen, wie ein sinnvoller Dialog mit der nordkoreanischen Führung entstehen kann, um so dauerhaften Frieden in dieser Region herzustellen, besser ausgedrückt: den riskanten Konflikt zwischen den USA und Nordkorea - und damit in Verbindung automatisch mit der Weltgemeinschaft und Nordkorea - ein für alle Mal zu beenden. Das schaffen wir jedoch nur durch soziale und wirtschaftliche Komponenten. In den nächsten Kapiteln werde ich aufzeigen, warum eine Annäherung an Nordkorea ein essenzieller Faktor ist und welche sozialen und wirtschaftlichen Aspekte dabei den Schlüssel zum dauerhaften Frieden bilden. Machen wir uns nichts vor: Sollte dieser Konflikt eskalieren - und diese Eskalation ist jederzeit möglich, vor allem bei den beiden Hitzköpfen Donald Trump und Kim Jong-un, ist der Weg zu einem globalen Krieg, der uns alle betrifft, nur noch ein kleiner Schritt.

Wenn wir schon von Hitzköpfen reden: Ich bin überzeugt davon, dass eine einzige Person niemals die uneingeschränkte Macht über einen Staat haben sollte, denn in dieser Konstellation wird ein solcher Anführer nie einen positiven Beitrag für die Weltgemeinschaft leisten. Das haben wir bei Hitler ebenso feststellen müssen wie bei Lenin und Mussolini. Diese Alleinherrschaft betrachte ich bei Kim Jong-un ebenso skeptisch, keine Frage. Aber die gleiche Skepsis hege ich auch für alle Königreiche sowie für sämtliche Demokratien oder Staatssysteme, bei denen ein Premierminister - oder ein Staatsoberhaupt - ein anderes Land attackieren kann, ohne die Zustimmung des eigenen Parlaments dafür zu benötigen. Daher betrachte ich die Machtposition des US-amerikanischen Präsidenten ebenso ausgesprochen kritisch, solange dieser als Commander und Chief de facto die Kontrolle über die wichtigsten Entscheidungen in den USA hält!

Zu diesen „wichtigsten Entscheidungen" gehört nun mal der Beschluss über Krieg und Frieden, weil dadurch die größten Krisen ausgelöst werden können. Ob jemand eine Mauer bauen lässt oder ob die Gesundheitsreform durchgeführt wird oder nicht, mag vielleicht für das Land selbst von hoher Bedeutung sein und hier ist es auch gut, wenn ein demokratischer Entschluss dazu führt, ausgewogene Entscheidungen zu treffen. Jedoch ein Krieg betrifft immer mehrere Länder und kann ganze Regionen auf diesem Planeten in einen menschlichen Abgrund stürzen. Und genau diese Entscheidung, ob er sein Militär in den Krieg ziehen lässt, kann der US-amerikanische Präsident auch treffen, notfalls ganz alleine. Dafür braucht er keinen Kongress dank seines Status' als Commander und Chief. Beide - Donald Trump und Kim Jong-un - besitzen in ihren Ländern den Status des Regierungsoberhauptes und gleichzeitig des Oberbefehlshabers des Militärs. Gerade weil in diesem Konflikt genau diese Konstellation herrscht, muss ein Dialog entstehen, der sich für beide Seiten als sinnvoll erweist. Nur dann kann es klappen und ein Krieg verhindert werden.

Macht muss IMMER auf mehrere Ebenen (auf politische Gremien, Parteien etc.) verteilt werden, und zwar in sämtlichen Belangen und nicht nur auf innenpolitischer Ebene. Wenn also alleinige Macht stets unkalkulierbare Gefahren mit sich bringt, welche Lösung gilt es dann anzustreben? Richtig, die Verteilung von Macht auf mehrere Personen.

Jetzt erlaube ich mir eine ketzerische Frage, auf die ich in einem der späteren Kapitel noch genauer eingehen werde: Wenn ein Diktator per Definition als Alleinherrscher gilt, muss dieser dann aus seiner Position gerissen werden, notfalls mit Gewalt durch andere Staaten? Muss die Welt von den bösen Diktatoren befreit werden? Statt darauf eine Antwort zu formulieren, ersetze ich das Wort Diktator durch den Begriff „Oberbefehlshaber" und siehe da: Plötzlich bekommt diese Position einen anderen Charakter. Mit einem Schlag verändert sich der negativ besetzte Eindruck in eine durchaus akzeptable Form, oder was meinen Sie? Ein Diktator ist nicht akzeptabel, ein Oberbefehlshaber hingegen schon.

Vergleichen wir doch einmal: Kim Jong-un ist gefährlich, er schadet der Welt, er ist ein Diktator. Donald Trump hilft der Weltgemeinschaft sozusagen „Frieden" zu bewahren, er ist der Oberbefehlshaber eines der wichtigsten Länder auf diesem Planeten. Die Psychologie der Worte ist übrigens auch eine Strategie, mit der durch die Verwendung bestimmter Begriffe eine gezielte Kriegspropaganda betrieben wird, doch diesem Thema widme ich mich im vierten Kapitel ausführlicher.

Doch wir sollten uns in diesem Kapitel vor Augen führen, dass wir bzw. die USA zunächst den allgemein negativ besetzten Begriff „Diktator" verwenden, um unbequeme Staatsoberhäupter zu entfernen, doch mit welchem Ergebnis?

Die Beispiele in Irak und Libyen zeigen uns, wohin es führte, als deren Diktatoren - Saddam Hussein und Muammar al-Gaddafi - gejagt und ermordet wurden: Beide Staaten versanken im Chaos und das wiederum führte zu einer neuen Welle von terroristischer Aggression auf dieser Welt. Diese - und viele weitere - Beispiele beweisen uns, dass es nicht zwingend sinnvoll ist, Diktatoren zu stürzen. Auch, weil jeder souveräne Staat das Recht besitzt, jenes Regierungssystem zu verwenden, welches er für richtig erachtet. Militärisch hoch aktive Staaten wie die USA stützen sich bei dieser Strategie vor allem darauf, dass in unser aller Köpfe die Person des Diktators Adolf Hitler als größtem Tyrann aller Zeiten und Verantwortlichen des Zweiten Weltkrieges mit Millionen von Todesopfern herumschwirrt, sobald wir diesen Begriff hören. Der Unterschied besteht jedoch darin, dass Hitler einen Weltkrieg anzettelte und sich somit von sämtlichen absolutistischen Staatsoberhäuptern unterscheidet.

Damit möchte ich ausdrücken, dass wir uns langsam davon lösen sollten, bei dem Wort „Diktator" sofort an Hitler zu denken und uns dadurch dementsprechend zu verhalten. Diese Gleichung stimmt nicht und sie ist gleichzeitig gefährlich, denn im Falle von Kim Jong-un kann sie sich sogar als selbsterfüllende Prophezeiung entpuppen. Vor allem dann, wenn wir in einen fatalen kriegerischen Konflikt geraten, eben WEIL wir den nordkoreanischen Führer mit Hitler gleichstellen.

Schwenken wir an dieser Stelle einen Moment lang zum US-amerikanischen Präsidenten: Donald Trump ist Commander and Chief der USA. Wer würde es wagen aufzustehen und zu fordern, seine Politik der Alleinherrschaft aufzugeben, da dies ansonsten mit Gewalt unterbunden würde? Ich sehe niemanden stehen, und Sie? Ich behaupte: Wenn wir ein politisches Verhalten anprangern, dann sollten wir auch fair bleiben, denn das verlangt die Menschlichkeit. Selbst wenn wir die Taten und Handlungen des nordkoreanischen Machthabers nicht gutheißen können, müssen wir uns mit ihm arrangieren, denn schließlich behandeln wir die USA auf genau diese Weise. Das ist meine feste und unverrückbare Meinung. Nur weil wir beispielsweise die Todesstrafe in den USA nicht für gut befinden, schickt die NATO auch keine Abfangjäger nach Kalifornien oder nach Texas.

Fassen wir kurz zusammen: Auf der einen Seite ist Kim Jong-un natürlich gefährlich, da er in Nordkorea Commander and Chief ist, auf der anderen Seite ist Donald Trump ebenfalls Commander and Chief und im Gegensatz zu Nordkorea haben die USA im Laufe der letzten Jahrzehnte bewiesen, dass sie durchaus den Willen besitzen, überall auf der Welt Kriege zu führen. Hier gilt: Beides halte ich für falsch.

Ich glaube daran, dass ein Land, dessen Machthaber nach den Sternen greift, jemand, der andere Planeten erforschen möchte, dass diese Person nicht ernsthaft plant, einen weltweiten Nuklearkrieg auszulösen. Wenn wir die Geschichte Nordkoreas einen Moment lang auf uns wirken lassen, werden wir erkennen, dass dieses Land in erster

Linie Angst vor den Angriffsplänen der USA hat. Jede Familie in Nordkorea hat zumindest einen geliebten Menschen aus ihrer unmittelbaren Verwandtschaft verloren. Ein ganzes Volk befindet sich noch immer in einem Trauma, das vor ungefähr 65 Jahren auf dessen Boden begann und jetzt scheint sich plötzlich alles zu wiederholen. Erst wenn man versteht, was dieses Volk durchmachen musste, versteht man, warum das Land derartige Bomben herstellt, um sich selbst zu schützen. Ich bin überzeugt davon, dass jeder Nordkoreaner darum fürchtet, von der Geschichte dieses Landes erneut eingeholt zu werden.

Mit dieser Haltung gewinnt plötzlich dieses Säbelrasseln eines Kim Jong-Un eine völlig andere Bedeutung.

Ich bin mir sicher, dass ein dauerhafter Frieden mit diesem Land realistisch ist, doch dazu bedarf es völlig neuer Ansätze. Um welche es sich dabei handelt und weshalb die bisherige Strategie einfach nicht funktionieren kann, stelle ich in den folgenden Kapiteln vor.

2 – Der Konflikt

Am 20. Januar 2017 trat Donald Trump seine neue Rolle als Präsident der Vereinigten Staaten an, nachdem er am 8. November 2016 bei den Präsidentschaftswahlen als Sieger hervorgegangen war. Bereits am 11. April 2017 formulierte der US-Präsident eine Drohung gegen Nordkorea. Der Auslöser dafür war ein bevorstehender Atomtest des kommunistischen Landes. Über Twitter ließ Trump folgenden Text verlauten: „North Korea is looking for trouble. If China decides to help, that would be great. If not, we will solve the problem without them! USA. (Übersetzung: Nordkorea sucht Streit. Wenn sich China dazu entschließt zu helfen (Anmerkung: vermittelnd einzugreifen, um den Konflikt zu lösen), wäre das großartig. Falls nicht, lösen wir das Problem ohne sie (Anmerkung: China)! U.S.A.)[1]

Denken Sie wirklich, jemand, der auf eine friedliche Beilegung eines Konfliktes Wert legt, eine derart arrogante Nachricht absetzt und das gegenüber einer Atommacht? Glauben Sie, das Staatsoberhaupt einer Atommacht lässt sich im Jahre 2017 einschüchtern, selbst wenn ihm ein Land mit einem riesigen Arsenal an nuklearen Waffen auf derartige Weise droht?

Ich behaupte: Donald Trump wollte vom ersten Moment an einen offenen Konflikt mit Nordkorea provozieren mit dem Ziel, gegen Nordkorea einen massiven militärischen Schlag auszuführen, denn sein Verhalten lässt schlicht und einfach keine andere Schlussfolgerung zu. Man möchte dem US-amerikanischen Präsident alles Mögliche unterstellen, aber sicherlich nicht, dass es sich bei ihm um einen einfältigen und dummen Menschen handelt.

Die Auseinandersetzung beginnt

In Folge kam es zu einer Art Schlagabtausch zwischen dem nordkoreanischen Machthaber Kim Jong-un und Donald Trump. Dieser fand in erster Linie über TV-Sender, Tageszeitungen und diverse Kommunikationsplattformen im Internet statt. Nachdem also Trump den verbalen Fehdehandschuh geworfen hatte, verfasste Jong-un eine saftige Antwort, die über das staatliche TV veröffentlicht wurde, auf die ein erneuter Kommentar des US-amerikanischen Präsidenten folgte usw. Es ging also hin und her.

Dieses Geplänkel nahm schließlich an Schärfe zu, als Donald Trump am 8. August 2017 ankündigte, Nordkoreas Drohungen gegenüber den USA mit „Feuer, Wut und Macht zu begegnen, wie es die Welt niemals zuvor gesehen hat".[2] Im Originaltext lautet seine Nachricht: „They will be met with fire and fury like the world has never seen before."[3]

Nun gilt es zu bedenken, dass diese Welt im Laufe der modernen Menschheitsgeschichte diesbezüglich bereits so allerlei sehen durfte. Demnach muss die von amerikanischer Seite angekündigte Konsequenz in einem Ausmaß geplant sein, das die Atombombenabwürfe auf Japan im Rahmen des Zweiten Weltkrieges bei Weitem übersteigt. Mit anderen Worten: Donald Trump drohte Nordkorea - und damit der gesamten nordkoreanischen Bevölkerung - mit einer Gewaltorgie, die es so noch nie zuvor auf diesem Planeten gab. Wenn wir seine Aussage weiter analysieren, dann sagte Trump, dass er es als Commander and Chief der USA darauf anlegt, die Zahl von insgesamt über 82 Millionen ermordeten Menschen im Ersten und Zweiten Weltkriegs[4] zu übertreffen.

Ein starkes Stück, finde ich. Ich kann einfach nicht verstehen, warum es nach dieser Aussage keinen Aufschrei innerhalb der Weltgemeinschaft gab, dass niemand - kein einflussreiches Land - öffentlich massiv gegen diese unfassbare Drohung protestierte. Drehen wir das Ganze für einen Moment mal um und stellen uns vor, was möglicherweise passiert wäre, wenn Kim Jong-un diese Twitter Nachricht abgesetzt hätte. Oder der afghanische Präsident oder der syrische Staatspräsident Assad. Oder Wladimir

Putin. Würden dann auch sämtliche Regierungen lediglich kurz mit den Schultern zucken, um danach gleich wieder zum Tagesgeschäft überzugehen? Mit Sicherheit nicht! Höchstwahrscheinlich hätte es einen weltweiten Sturm der Entrüstung gegeben, wären neue Sanktionen verhängt worden und vieles mehr. Was passierte im Falle der USA? Nichts.

Was steckt denn jetzt hinter der Aussage Trumps? Dass sein Ziel darin besteht, 100 Millionen Menschen umzubringen? Allein seine „Fire and Fury"-Aussage zeigt bereits, welcher Wahnsinn in Donald Trump schlummert und wie kaltblütig er vorzugehen plant, sobald sich jemand anders verhält, als er es für richtig hält. Die Menschheit erlebte in den letzten beiden Weltkriegen so viel Leid wie noch nie zuvor und das möchte der amerikanische Präsident nochmals übertreffen? Ist es das, was er uns damit mitteilen wollte? Und das nur, weil ein kleiner Staat in Asien mit Nuklearwaffen experimentiert? Wohlgemerkt, eines von neun Ländern, die über Atomwaffen verfügen, die USA mit eingenommen.

Damit Sie mich nicht falsch verstehen: Wie bereits erwähnt lehne ich jegliche Form von Gewalt ab und ich vertrete außerdem die Meinung, dass sämtliche Atomwaffen ausnahmslos vernichtet werden müssen, doch das darf sich nicht nur auf Nordkorea beziehen.

Was planen denn die USA mit den anderen Staaten, die bereits im ersten Kapitel genannt wurden, die ebenfalls über Atomsprengköpfe verfügen? Mit Indien, Pakistan, Frankreich etc.? Kommen diese Staaten als Nächstes dran und werden von den USA mit „Fire and Fury“ bekämpft? Ist es das, was Donald Trump damit ausdrücken wollte?

Diese Aussage - die von einem der mächtigsten Männer dieses Planeten stammt - ist durch nichts zu rechtfertigen und fern jeglicher Weitsicht, die man von einem Staatsführer erwartet. Würde es sich bei dieser Aussage um einen selbst ernannten Präsidenten einer kleinen Karibikinsel handeln, dann mag man darüber vielleicht noch amüsiert lächeln, doch in diesem Falle sollten normalerweise allen klar denkenden Menschen die Gesichtszüge einfrieren und es hätte - wie bereits erwähnt - weltweite Proteste hageln müssen. Doch nichts dergleichen geschah und darin sehe ich den eigentlichen Skandal.

Verständlich, dass viele Staaten nach dieser Aussage Bemühungen unternahmen, um die Spannungen aus diesem Konflikt zu nehmen, doch kein Land protestierte ganz offen gegen diese ungeheuerliche Drohung und dieses Verhalten zeigt uns gleichzeitig, wie groß die Angst aller Staaten vor den USA ist.

Aus meiner Sicht hätte spätestens jetzt das amerikanische Volk eingreifen und die Absetzung Trumps fordern müssen, damit Neuwahlen in Gang gesetzt werden können und eine Person zum Präsidenten ernannt wird, die diese Aufgabe mit dem nötigen Weitblick und Respekt ausübt. Zumindest hätte es ähnliche Proteste innerhalb der amerikanischen Bevölkerung hageln müssen, wie es sie nach dem Schulmassaker in Parkland am 14. Februar 2018 gab, als hunderttausende Menschen in den USA auf die Straßen gingen und gegen die Waffengesetze protestierten. Doch nichts dergleichen geschah.

Gleich Anfang September 2017 wurde das Säbelrasseln fortgesetzt und diesmal drohte der US-amerikanische Verteidigungsminister James Norman Matthis der nordkoreanischen Regierung mit massiven Militärattacken. Als Reporter Donald Trump nach dessen Meinung zu diesen Drohungen befragten, antwortete dieser vieldeutig: „Wir werden sehen". Bald darauf kam aus dem Weißen Haus die Information, dass der US-Präsident nach einem Gespräch mit Japans Premierminister Shinzo Abe plant „die volle Bandbreite der diplomatischen, konventionellen und nuklearen Möglichkeiten" einzusetzen. Nachsatz: „Um sich selbst (USA) und seine Verbündeten zu verteidigen". Spätestens nach diesem Gespräch hätte die asiatische Welt eine unmissverständliche Position beziehen müssen, denn Trump zeigte damit klar und deutlich, dass die USA ihren Einfluss auf diese Region künftig noch weiter auszubauen planen. Japan, China, Südkorea und alle weiteren Staaten in Asien müssen den Konflikt mit Nordkorea selbst lösen. Den USA zu gestatten, sich aktiv zu beteiligen, kommt mir in etwa so vor, als würde ein Lehrer der Mafia erlauben, den Klassenrowdy zur Räson zu bringen. Wir alle durften bereits in der Vergangenheit Zeuge davon werden, wie die Vereinigten Staaten von Amerika vorgehen, um in anderen Regionen auf dieser Welt ihren Einfluss zu erhöhen. Im arabischen Raum mit dem Krieg gegen den Irak oder in Nordafrika mit dem Angriff auf Libyen wurden wir alle Zeuge, mit welchen verheerenden Folgen für die gesamte Region die USA ihre Strategie der weltweiten Kontrolle durchsetzen. Diese Chance, den Konflikt mit Nordkorea selbst zu lösen, haben die asiatischen Staaten leider verpasst.

Aus meiner Sicht muss ab jetzt die Europäische Gemeinschaft mit ihren 27 Staaten ihre Rolle als eigenständige Alternative zur USA aktiv einsetzen, damit wir alle künftig von verheerenden Kriegen verschont bleiben. Darunter verstehe ich eine EU, die andere Staaten mit Fairness behandelt, ohne Macht auszuüben und ohne lediglich Forderungen zu diktieren.

Zusätzlich drohte Trump im Zuge dieses neuerlichen Atomtests sogleich auch weiteren Staaten, indem er ankündigte, sämtlichen Handel mit allen Ländern einzustellen, die weiterhin Geschäfte mit Nordkorea betreiben. Diese Drohung wirkt zwar angesichts der Marktmacht Chinas, als sicherlich wichtigstem Handelspartner Nordkoreas, eher lächerlich, jedoch sollte die Entscheidungsfreudigkeit des US-amerikanischen Präsidenten nicht unterschätzt werden. Nebenbei erwähnt beläuft sich das Handelsvolumen zwischen den USA und China auf jährlich etwa 650 Milliarden US-Dollar, also eine nicht unerhebliche Größenordnung, die sich nicht so ohne Weiteres auf null reduzieren lässt.

Ich möchte an dieser Stelle diese Drohung so kommentieren: Lieber Mr. President, es ist schlicht und einfach nicht möglich, ein Handelsvolumen von etwa 650 Milliarden US-Dollar über Nacht zu beenden. Zweitens: Würde China heute - theoretisch - sämtliche Kredite fällig stellen, die das Land den USA momentan gewährt, wären die Vereinigten Staaten von Amerika morgen bankrott. Glauben Sie mir, Mr. President, ein Handelskrieg mit China ist so ziemlich das Letzte, was Sie für Ihr Land möchten, auch wenn sie es nicht wahrhaben wollen.[5] Ich denke nicht, dass Ihr mittelfristiges Ziel darin besteht, Ihr Land in eine wirtschaftliche Bedeutung zu führen, die vergleichbar mit der Äthiopiens oder der Osterinseln ist.

Es stellt sich die Frage, in welchem Kindergarten wir uns eigentlich seit der Ära Trump befinden. Ich werde das Gefühl nicht los, dass Donald Trump jedem das Förmchen im

Sandkasten wegzunehmen versucht, der andere Sandburgen baut, als sich Donald vorstellt.

Zudem halte ich die Absicht, sämtlichen Ländern den Handel mit Nordkorea zu unterbinden, für unklug, und zwar aus folgendem Grund: Wenn wir einen Handelspartner vollkommen isolieren - wie es aktuell mit Nordkorea durchgeführt wird - schwächen wir ihn auf der einen Seite, zwingen ihn sozusagen in die Knie, doch gleichzeitig kann dieser Handelspartner auch nichts mehr verlieren, da er schlicht und einfach nichts mehr besitzt. Ich habe im Laufe meines Lebens erfahren, die gefährlichsten Menschen sind diejenigen, die eben nichts mehr zu verlieren haben. Wenn Kim Jong-un nichts mehr zu verlieren hat, wenn sein Land ruiniert wird, wenn seine Bevölkerung verhungert, was sollte ihn dann noch davon abhalten, letztlich doch seine Atombomben abzuwerfen?

Jemanden zu isolieren - beispielsweise innerhalb der Familie - ist niemals ein kluger Weg, geschweige denn ein ganzes Land (im Sinne einer Weltfamilie). Nur, wenn jemand etwas zu verlieren hat, versucht er humane Lösungen zu finden. Fällt dieser Punkt weg, wird diese Person unberechenbar. Das findet im Kleinen zwischen den Menschen ebenso statt, wie im Großen auf staatlicher Seite.

Die Konfliktspirale dreht sich weiter

Im Zuge dieses gegenseitigen Geplänkels wurde auch Kim Jong-un nicht müde, Öl ins sprichwörtliche Feuer zu gießen. So wurde Kim am 22. September 2017 von der nordkoreanischen Nachrichtenagentur KCNA mit den Worten zitiert: „Ich werde den geistig umnachteten senilen Amerikaner sicher und endgültig mit Feuer bändigen. Ich werde den Mann, der die Hoheit über das Oberkommando in den USA hat, für seine Rede teuer bezahlen lassen.“

Es braucht kein übermäßiges Maß an Kreativität, um sich auszumalen, wen er damit meinte. Natürlich handelt es sich an dieser Stelle um einen weiteren Teil aus der Kindergarten-Saga. Diesmal nimmt der kleine Kim eine Handvoll Sand und wirft diese dem Donald mitten ins Gesicht. Man mag angesichts derartiger Dialoge schmunzeln, doch das Problematische daran liegt in der Tatsache, dass sich hier zwei Kindergartenkinder streiten, die mit Atomsprengköpfen spielen.

In Zuge dieser immer weiter anziehenden Eskalationsschleife drohte der nordkoreanische Machthaber sogar mit dem Test einer Wasserstoffbombe, der sicherlich verheerendsten Waffe, die jemals gebaut wurde.[6]

Spätestens an dieser Stelle hätten alle Staaten - inklusive der USA - die Realität akzeptieren müssen, dass dieses Land Atomwaffen besitzt und Nordkorea einen ständigen

Sitz im Weltsicherheitsrat anbieten müssen (so wie alle Atommächte meiner Meinung nach dort vertreten sein sollten). Schließlich wissen wir alle, was mit diesen Waffen angerichtet werden kann. Wir müssen akzeptieren, dass jene Länder, die Atomwaffen besitzen, auch Macht besitzen und dort ist Nordkorea letztendlich angekommen. Wir dürfen diesen Ländern nicht ständig erklären, was sie zu tun und zu lassen haben, sondern wir sollten sie ernst nehmen. Wir können weder den Amerikanern noch den Diktatoren Vorschriften machen, das alles muss letztlich von innen heraus passieren.

Wie ging es weiter?

Doch ein respektvoller Umgang miteinander fand nicht statt, im Gegenteil: Kurz darauf ging es gewissermaßen Schlag auf Schlag: Am 23. April entsendete Donald, laut einem Bericht in Spiegel Online, US-Bomber und Kampfflieger Richtung Nordkorea, die entlang der Ostküste des Landes nach Norden flogen. Übrigens das erste Mal in diesem Jahrhundert, dass die amerikanische Air Force so weit nördlich der entmilitarisierten Zone operierte. Als Grund gilt der Verstoß Nordkoreas gegen UN-Resolutionen, ausgelöst durch seine Nuklear- und Waffenpläne. Kurz davor beantwortete Kim eine flammende Rede Donalds vor den Vereinten Nationen mit den Worten: „Ich werde den geisteskranken, dementen US-Greis gewiss und auf jeden Fall mit Feuer bändigen." Donald schickte seine Flugzeuge in die Luft, Kim hingegen verdonnerte seinen Außenminister Ri Yong Ho dazu, im Rahmen der UNO-Generaldebatte mit der Aussage: „Besuch unserer Raketen im gesamten US-Festland ist unvermeidlich geworden". Ri Yong Ho ergänzte seine Aussage zudem mit der Feststellung, Nordkorea werde erbarmungslose, präventive Schritte ergreifen, wenn die USA Angriffe auf Nordkorea planen sollten.[7]

Es versteht sich von selbst, dass sich Donald derart böse Worte nicht gefallen lässt und bereits einen Tag später, am 24. April, schmetterte er Kim und dessen Außenminister entgegen: „Habe gerade Nordkoreas Außenminister vor der UNO reden gehört. Wenn er Gedanken des kleinen Raketenmannes nachplappert, werden sie nicht mehr lange da sein." Auch diesmal bediente er sich mal wieder seines Lieblingsspielzeugs namens „Twitter".

Gleichzeitig drohte der US-Präsident sicherheitshalber auch dem Iran, da dieses Land eine ballistische Rakete testete, die theoretisch Israel erreichen könnte. Sicherlich könnte diese Rakete auch noch ganz andere Staaten erreichen, doch bei dem Gedanken an ein militärisch bedrohtes Israel durch den Iran sah Donald allem Anschein nach Dunkelrot. Er warf dem iranischen Staat vor, mit Nordkorea zusammenzuarbeiten, und gab zu verstehen, dass er - Trump - sein durchaus strenges Auge darauf richtete.

Übrigens veranstaltete Kim bereits am Samstag, also einen Tag zuvor (23. April), eine Massenkundgebung mit über 100.000 Teilnehmern, die gegen die USA demonstrierten und die entschlossen dafür eintraten, „die US-Imperialisten, den eingeschworenen Feind, vollständig von der Erde zu beseitigen“.[8]

Keine Frage, natürlich war diese „Demonstration“ eine inszenierte Veranstaltung, die von oberster Stelle befohlen wurde. Gleichzeitig zeigt es, wie sehr Kim Jong-un in dieser Phase sein Volk auf eine mögliche militärische Auseinandersetzung einschwor. Das macht deutlich, wie gefährlich die Situation zu diesem Zeitpunkt bereits war.

Drei Tage später, am 26. April wertete der nordkoreanische Außenminister Donald Trumps Worte sogar als Kriegserklärung und drohte damit, künftig US-Bomber abzuschießen. Darauf meldete sich - zur Abwechslung - der Pentagon-Sprecher Robert Manning zu Wort und meinte: „Wenn Nordkorea seine Provokationen nicht einstellt, werden wir sicherstellen, dass der Präsident Optionen hat, um mit Nordkorea umzugehen.“[9]

Endlich riefen einige Staaten - darunter Deutschland - die beiden Streithähne dazu auf, besser auf Dialog, statt auf destruktive Verbalangriffe zu setzen, worauf tatsächlich einige Tage lang Ruhe herrschte.

Am 10. Oktober 2017 verschärfte schließlich die EU die Sanktionen gegen Nordkorea mit dem Ziel, dadurch die Finanzierung des Atomprogramms zu erschweren.[10]

Der interessante Aspekt aus meiner Sicht besteht in der Tatsache, dass Nordkorea zu diesem Zeitpunkt bereits Atomwaffen besaß und ich kann mir nur ausgesprochen schwer vorstellen, dass die Europäische Gemeinschaft darüber keine Kenntnis besaß, vor allem, da sämtliche Medien inzwischen darüber berichteten. Noch weniger kann ich mir vorstellen, dass die EU diese Tatsache verdrängt hat.

Somit bleibt als einzige logische Erklärung für dieses Verhalten ein vorgeschobener Grund für die Verhängung dieser Sanktionen. Finanzieller Druck wirkt sich jetzt in erster Linie auf die Bevölkerung aus und nicht auf die Fortführung eines Atomprogramms, das sich ohnehin wohl bereits mehr oder weniger auf der Zielgeraden befindet. Diese Sanktionen seitens der EU hätten vor zwanzig Jahren stattfinden müssen, abgesehen davon jedoch halte ich nichts von Sanktionen. Welche Alternativen stattdessen besser funktionieren würden, zeige ich im weiteren Verlauf des Buches noch auf.

Einen Tag später, am 11. Oktober, absolvierten mal wieder zwei US-Bomber einen Übungsflug nahe der nordkoreanischen Grenze. Dabei wurden die strategischen B-1B-Langstreckenbomber von je zwei F-15-Jagdflugzeugen der japanischen und südkoreanischen Luftstreitkräfte begleitet.[11]

Am 16. Oktober führten die USA gemeinsam mit Südkorea ein Seemanöver durch. Inklusive Flugzeugträgern sowie zwei Zerstörern, in Summe etwa 40 Marineschiffe. Diese Machtdemonstration dauerte fünf Tage an und fand teilweise nahe den nordkoreanischen Hoheitsgewässern statt.[12] Es braucht ein gehöriges Maß an positivem Gedankengut, um dieses Manöver nicht als Provokation zu interpretieren.

Natürlich fand das Seemanöver nicht das erste Mal statt, denn Südkorea und die USA führen diese Form von Militärübungen seit Jahren durch, doch noch nie zuvor kamen die Kriegsschiffe dem nordkoreanischen Hoheitsgewässer so nahe. Es handelte sich dabei um eine Provokation und um nichts anderes. Ein infantiles Geplänkel aus meiner Sicht, das nichts erreichte, außer den Streit weiter anzuheizen.

Angesichts des unliebsamen Nachbarn direkt vor der Haustüre, ließ sich der gute Kim nicht lange bitten und antwortete bereits einen Tag nach Beginn des Flottenmanövers durch Nordkoreas stellvertretenden UNO-

Botschafter Kim In Ryong vor dem Abrüstungsausschuss der Vereinten Nationen, dass „jederzeit ein Atomkrieg ausbrechen könnte". Außerdem habe die Situation einen „sehr riskanten Punkt erreicht", so Kim In Ryong weiter und er gab an, dass bislang kein anderes Land auf dieser Welt für einen so langen Zeitraum eine derart extreme und direkte nukleare Bedrohung durch die USA hinnehmen musste.[13]

Tatsächlich gab es noch niemals ein vergleichbares Szenario. Selbst die Auseinandersetzung zwischen den USA und Japan während des Zweiten Weltkriegs zog sich nicht so lange hin, wenngleich diese bekanntlich mit dem Abwurf von zwei Atombomben endete. Von dieser Warte aus betrachtet, reagierte der aktuelle US-amerikanische Präsident sogar richtig besonnen, verglichen mit seinem Vorgänger Harry Truman. Wobei sich beide Situationen natürlich nicht direkt miteinander vergleichen lassen und außerdem schreibe ich diese Anmerkung nicht gänzlich ohne einen Hauch Sarkasmus.

Natürlich brachte der Abwurf der Atombomben auf Hiroshima und Nagasaki aus militärischer Sicht den gewünschten Erfolg. Schließlich folgte beinahe unmittelbar nach diesem verheerenden Militärschlag der Amerikaner die Kapitulation Japans. Doch aus humanistischer Sicht war dieser Akt der Aggression eine totale Katastrophe, denn die USA riskierten nicht nur eine riesige Zahl an Todesopfern, sie nahmen sie sogar wissentlich in Kauf. Dieser gewaltige Verlust an Menschenleben hätte vielleicht vermieden werden können, wenn man andere Optionen gewählt hätte, beispielsweise gezielte Angriffe auf militärisch relevante Ziele. Doch wenn man nun annimmt, die USA hätten aus ihrer Vergangenheit gelernt, indem sie ihre Schlüsse daraus zogen, welche gigantische menschliche Tragödie sie unter der japanischen Bevölkerung angerichtet hatten, irrt man sich. Daher verurteile ich dieses aktuelle Verhalten Amerikas, insbesondere aus der Erfahrung dessen eigener Vergangenheit heraus, zutiefst.

Wo waren wir stehen geblieben? Richtig, jetzt drohte Kim - über seinen UNO-Botschafter - mit einem Atomkrieg. Natürlich ist dieses Verhalten um keinen Deut besser als jenes der USA. Auch Nordkorea musste miterleben, welche Auswirkungen der Atomangriff der Amerikaner auf den Nachbarn Japan bzw. auf dessen Bevölkerung hatte. Jedoch haben wir es hier mit einem weiteren Phänomen zu tun: Nordkorea fühlt sich in die Ecke gedrängt und Kim Jong-un weiß natürlich, dass im Koreakrieg über zwei Millionen Nordkoreaner getötet wurden.

Es ist selbstverständlich allen klar, dass Nordkorea den USA im Falle einer militärischen Auseinandersetzung nichts entgegenzusetzen hat, jeder weiß das. Insbesondere die USA und damit vor allem ein Donald Trump. Die einzige Möglichkeit, die Kim Jong-un bleibt, besteht darin, den Vereinigten Staaten Angst zu machen und sie an ihrer einzig empfindlichen Stelle zu treffen: ein Militärschlag auf US-amerikanischen Gebiet mit hunderttausenden Todesopfern. Darin besteht die Strategie Nordkoreas, mit der sie einen Militärangriff der USA auf ihr Land, ohne UN-Mandat, verhindern können. Denn im Zweifel wird Trump die Genehmigung dieses Militärschlages nicht abwarten, das zeigt schließlich die Erfahrung mit den USA aus vielen Beispielen in der Vergangenheit.

Ganz ehrlich: Was soll Kim Jong-un - hinsichtlich der Drohgebärden der USA - auch anderes machen? Soll er nachgeben? Dann, und das weiß er ganz genau, sitzen in seinem Land bereits am nächsten Tag UNO-Soldaten und damit auch die Amerikaner. Und US-Spezialeinheiten werden alles daransetzen, ihn und seine Familie zu ermorden, während gleichzeitig das Land ins Chaos gestürzt wird.

Die Konfliktspirale dreht sich noch weiter

Wie könnte es anders sein, Donald hielt sich genau sechs Tage lang zurück, bis zum 23. Oktober. Dann erklärte er in einem Interview mit dem US-Sender Fox News, die USA seien „auf alles vorbereitet“ und führte weiter aus: „Sie wären schockiert, wenn Sie wüssten, wie gut wir vorbereitet sind, wenn wir es sein müssen.“[14] Wer an dieser Stelle spontan an einen Vergleich zu einem quengelnden Kind denkt, das dem nicht minder streitsüchtigen Nachbarsjungen eine infantile Breitseite zu verpassen versucht, liegt gar nicht so falsch. Traurig ist nur, dass wir es hier mit Staatsoberhäuptern zu tun haben und nicht mit Kindern, die ständig versuchen, miteinander zu balgen.

Nachdem es einige Tage lang verdächtig ruhig blieb, wurde es scheinbar James Mattis langweilig und er schleuderte erneut Giftspritzen in Richtung Nordkorea: „Jeder Angriff auf die Vereinigten Staaten oder unsere Verbündeten wird bezwungen werden. Und jeder Einsatz von Atomwaffen zieht eine massive militärische Antwort nach sich, die effektiv und überwältigend ist.“[15]

In diesem Tonfall ging es dann auch mal wieder zwischen Donald und Kim hin und her. Irgendwann im November 2017 bezeichnete der nordkoreanische Machthaber den US-Präsidenten als „Kriegshetzer“[16], worauf dieser (Donald Trump) wieder zurückstichelte. Am 15. November war in der nordkoreanischen Regierungszeitung „Rodong Sinmun“ sogar von einem Todesurteil gegen Donald Trump die Rede.[17]

Eine derartige Provokation lässt sich natürlich niemand gefallen, dem etwas am Weltfrieden liegt, deswegen kündigte Trump am 20. November in Washington an, Nordkorea wieder auf die Liste der Terrorstaaten zu setzen, nachdem das Land im Jahre 2008 - unter dem damaligen US-Präsidenten George W. Bush von der Liste gestrichen wurde. Dieser Schritt bedeutete logischerweise für Nordkorea, weitere Sanktionen hinnehmen zu müssen, beispielsweise Beschränkungen im Bereich der Entwicklungshilfe und bei bestimmten finanziellen Transaktionen.[18]

Was wir aus dieser Handlung - Nordkorea auf die Liste der Terrorstaaten zu setzen - lernen müssen, ist Folgendes: Auch wenn sich jemand nicht fair verhält, dürfen wir die Gerechtigkeit nicht vergessen. Das betrifft zwischenmenschliches Verhalten ebenso wie der Umgang zwischen einzelnen Staaten.

Wir alle wissen, dass Nordkorea nichts mit Terrorismus am Hut hat, sondern diese Aktion zielt ausschließlich darauf ab, den Druck weiterhin zu erhöhen. Nordkorea auf die Terrorliste zu setzen, ist moralisch falsch und vollkommen absurd. Punkt.

Mit dieser Aktion bewiesen die USA endgültig, dass sie nicht in der Lage sind, Weltprobleme zu lösen.

Auf mich wirkt das Verhalten der USA wie das eines Musikers, der seine Gitarre bestenfalls korrekt zu halten imstande ist und nun mit aller Gewalt versucht, bei einer Profiband zu spielen. Als ihn diese Band endlich vorspielen lässt und er die ersten Töne anschlägt, bekommen zwei Bandmitglieder einen Tinnitus und der Dritte läuft schreiend aus dem Proberaum. Natürlich erteilt ihm die Band eine Absage, dennoch stürmt dieser „Musiker“ bei jeder Gelegenheit auf die Bühne und spielt mit. Da er die beinahe gesamte dritte Reihe des Publikums selbst eingeladen hat, jubelt ihm diese sogar noch zu.

Das in etwa beschreibt das Verhalten der USA, wenn es um internationale Konfliktlösung geht.

Jetzt stellt sich die Frage, warum dieser Musiker unbedingt auf der Bühne stehen will? Der Grund liegt - unter anderem - darin, dass er eine sündhaft teure Gitarre besitzt. Ein absolut edles Stück. Und das möchte er natürlich einsetzen und er will, dass jeder im Publikum sieht, auf welch fantastischem Instrument er spielt, ganz gleich, welche Töne er ihm zu entlocken vermag. Dieses Instrument heißt im Falle der USA „Jahresetat der US-Streitkräfte“ und dieser liegt bei etwa 700 Milliarden US-Dollar.[19]

Ich habe den Eindruck, ganz nach dem Motto: „If you buy a toy, you have to play with it“, nutzen die USA ihr gewaltiges Potenzial an militärischen Ressourcen aus, um ihre Interessen durchzusetzen, sowie Konflikte zu ihren Gunsten zu beenden. Mit solch absurden Sanktionen, wie etwa Nordkorea auf die Liste der Terrorstaaten zu setzen, versuchen die Vereinigten Staaten mit aller Gewalt eine militärische Konfrontation zu erzwingen. Diese Intention unterstelle ich Donald Trump an dieser Stelle und ein solches Verhalten empfinde ich schlicht und einfach als unmoralisch und letztlich betrügerisch.

Dieses Geplänkel zog sich bis zum Jahresende 2017 in ähnlicher Tonart so weiter. Wohlgemerkt, es handelt sich dabei noch immer um zwei mächtige Staatenlenker, die nicht müde werden, sich gegenseitig ständig zu beleidigen und auf die Füße zu treten. In so einer Situation würde man am liebsten zwischen die beiden treten, nur um Donald und Kim abwechselnd an den Schultern zu packen und sie jeweils einige Minuten lang zu schütteln. Leider klappt dieses - zumal pädagogisch höchstwahrscheinlich auch fragwürdige - Unterfangen nicht, da es sich bei diesen Männern um die beiden wohl am besten beschützten Personen weltweit handelt. Wohlgemerkt, zwei Politiker, die beide über ein Arsenal an Atomwaffen herrschen und jederzeit - 24 Stunden am Tag und sieben Tage die Woche - auf den sprichwörtlichen Knopf drücken könnten.

Selbstverständlich war der Weltgemeinschaft - und damit in Verbindung auch der UN - die Gefährlichkeit dieser Situation vollkommen bewusst, gleichzeitig jedoch galt es in dieser Phase, ein Höchstmaß an Fingerspitzengefühl auf diplomatischer Ebene zu beweisen. Bei so durchaus impulsiven Persönlichkeiten, wie es Donald und Kim nun mal sind, hätte wahrscheinlich bereits ein falscher Satz eines Diplomaten eine Katastrophe auslösen können. So wie die entfernten Verwandten des kleinen Donalds im Rahmen eines Familienfestes dessen Wutausbruch, nachdem ihm der Pudding verweigert worden war, gegenüberstanden, musste sich die Staatengemeinschaft in dieser Phase wohl gefühlt haben.

Trotzdem gab es Anfang Dezember 2017 endlich eine angemessene Reaktion seitens der UNO. Der Untergeneralsekretär Jeffrey Feltman, der zweithöchste UNO-Diplomat, reiste in die nordkoreanische Hauptstadt Pjöngjang. Übrigens war es das erste Mal nach fünf Jahren, dass ein Vertreter der Vereinten Nationen den isolierten Staat besuchte. Zu welchen Ergebnissen die viertägige Reise Feltmans führte, wurde nicht öffentlich gemacht. Es wurde lediglich bekannt, dass er sich nicht mit Kim Jong-un traf, dafür sprach er jedoch mit dem nordkoreanischen Außenminister und einigen anderen politischen Vertretern.[20]

Ein überraschender Klimawandel

Anfang Januar 2018 kam es plötzlich zu einer Art Klimawandel in den von einer jahrzehntelangen Eiszeit geprägten Beziehungen zwischen Südkorea und Nordkorea. In seiner Neujahrsansprache philosophierte Kim Jong-un zwar darüber, dass ein gewissermaßen einsatzbereiter Atomknopf ständig auf seinem Schreibtisch stehe, gleichzeitig bot er jedoch dem verfeindeten Nachbarland eine grundsätzliche Gesprächsbereitschaft an, und das, obwohl sich die Lage zwischen beiden Ländern zuspitzte, nachdem Südkorea ausländische Tankschiffe an der Durchfahrt nach Nordkorea hinderte, da diese im Verdacht standen Mineralölprodukte zu schmuggeln.[21]

Kurz darauf begannen in Südkorea die Olympischen Winterspiele und angesichts dieses sportlichen Großereignisses kam es zu einer nächsten erfreulichen Klimaerwärmung auf koreanischem Boden: Nordkorea schickte eine Delegation zu den Eröffnungsfeierlichkeiten, mit dabei niemand geringerer als Kim Yo Jong, die Schwester und enge Vertraute des nordkoreanischen Machthabers.[22]

Allem Anschein nach versuchte Nordkorea tatsächlich, sein angeknackstes Image auf der weltpolitischen Bühne wieder aufzupolieren. Sicherlich nicht ohne Grund, denn die weitreichenden Sanktionen dürften das Land in große Probleme gebracht haben, wie verschiedene Nordkorea-Experten vermuten.[23] An dieser Stelle spreche ich der nordkoreanischen Führung meinen Respekt aus, denn es wurde auf diese Weise versucht, einen friedlichen Weg einzuschlagen.

Die nächste Eiszeit

Bedeutet diese Annäherung gleichzeitig auch endlich die erhoffte Entschärfung des Konfliktes gegenüber den USA?

Leider nicht. Zwar reagierte Donald Trump auf Kims Neujahrsansprache am 3. Januar 2018 mit einer Nachricht auf Twitter in der er der Welt erklärte, dass sein Atomknopf viel größer und mächtiger sei als der von Kim.[24] (im Originaltext: „Will someone from his depleted and food starved regime please inform him that I too have a Nuclear Button, but it is a much bigger & more powerful one than his, and my Button works!").

Trotzdem dürfte auch bei Donald angesichts der bevorstehenden Olympischen Winterspiele ganz warm ums Herz geworden sein, denn schließlich sagte Trump am 7. Januar nach einer Reporterfrage, er sei gewillt, mit Kim selbst telefonisch in Kontakt zu treten. Wer an dieser Stelle vermuten sollte, der US-amerikanische Präsident wollte auf diese Weise dem nordkoreanischen Machthaber lediglich seine neuesten Beleidigungen durch den Hörer brüllen, liegt völlig falsch. "Wenn etwas aus solchen Gesprächen würde, wäre das eine große Sache für die ganze Menschheit, das wäre eine große Sache für die Welt", sagte Donald Trump zu den Reportern.[25]

Ende gut, alles gut? Mitnichten. Einen Monat später, am 7. Februar 2018 kündigte Mike Pence, immerhin der Vize-Präsident der USA, an, die härtesten Sanktionen gegen Nordkorea durchzusetzen, die es jemals gab. „Wir werden unseren maximalen Druck so lange weiter verschärfen, bis Nordkorea konkrete Schritte hin zu einer vollständigen, nachweisbaren und unumkehrbaren Denuklearisierung einleitet“, sagte Pence nach einem neuerlichen Gespräch mit dem japanischen Regierungschef Shinzo Abe. Auch zu einem möglichen Militärschlag gegen das Atomwaffenprogramm Nordkoreas äußerte sich der US-Vizepräsident mit den Worten: „Es liegen alle Optionen auf dem Tisch.“[26]

Interessanterweise müssen scheinbar alle Sanktionen und Maßnahmen gegen Nordkorea härter sein, als alle bisherigen Aktionen, die jemals gegen andere Länder und Anführer gerichtet waren.

Ich frage mich, warum diese Aggression gegen Nordkorea größer sein muss, als sie es beispielsweise im Falle Hitler war? Wird Kim Jong-un sogar als gefährlicher eingeschätzt als Stalin oder Mussolini? Also entweder befürchten die Vereinigten Staaten von Amerika tatsächlich eine Bedrohung seitens Nordkorea, wie es sie noch nie zuvor auf dieser Welt gab oder es fehlt in ihrem Vorgehen sämtliches Augenmaß. Eine andere Erklärung gibt es für mich nicht für dieses Verhalten.

Worin auch immer die Intention der USA besteht, der Konflikt zwischen den USA und Nordkorea befindet sich die ganze Zeit über auf einer der höchsten erreichbaren Eskalationsstufen. Die Gefahr eines Militärschlages ist absolut realistisch und dann dauert es nicht lange, bis wir uns in einer weltweiten Auseinandersetzung befinden. Die Bemühungen Nordkoreas, die positive Grundstimmung im Rahmen der olympischen Winderspiele zu nutzen, um eine neue politische Richtung einzuleiten, ganz gleich, aus welchem Kalkül auch immer - funktioniert angesichts der aggressiven Haltung der USA nicht.

Gleichzeitig kommt Nordkorea in dieser Phase immer stärker unter Druck: Die Sanktionen zeigen Wirkung, auch wenn darüber keine belegbaren Fakten existieren, denn derartige Informationen dringen niemals nach außen. Dabei ist Nordkorea auf Importe so stark angewiesen wie ein Säugling auf Muttermilch und wenn Kim Jong-un eine wirtschaftliche wie humanitäre Katastrophe in seinem Land verhindern möchte, muss er diese Sanktionen vom Tisch bekommen. Darin mag wohl seine Hauptmotivation in der Annäherung an Südkorea liegen, doch genau diese Strategie zerstören die USA.

Wir müssen jetzt endlich diesen unsäglichen Streit beenden

Im Februar 2018 standen wir einem dritten Weltkrieg vermutlich so nahe, wie noch nie zuvor und noch immer kann eine winzige Provokation zu einer gewaltigen Katastrophe führen. Diese Gefahr gilt auch aktuell nicht als gebannt, darüber müssen wir uns im Klaren sein.

Aus meiner Sicht müssen wir die Sanktionen gegen Nordkorea im ersten Schritt lockern, um die Gefahr eines dritten Weltkrieges zu reduzieren. Um es zu verdeutlichen, falls es an dieser Stelle noch nicht so klar formuliert wurde: Ich bin davon überzeugt, dass Nordkorea einsatzbereite Raketen mit Atomsprengköpfen besitzt und ich bin davon überzeugt, dass wir uns aktuell in einer Phase befinden, in der jederzeit ein nuklearer Gegenschlag erfolgen wird, sobald die USA tatsächlich einen Militärschlag gegen Nordkorea durchführen.

Aus meiner Sicht befinden wir uns derzeit kurz vor einem dritten Weltkrieg. Diese Bedrohung ist so real wie kurz nach dem Ersten Weltkrieg, als die massiven Sanktionen gegen Deutschland - festgehalten im Versailler Vertrag - letztlich als eine der Hauptursachen zum Zweiten Weltkrieg etwa zwanzig Jahre später führten (mehr dazu in Kapitel 3).

Wir müssen jetzt in einen ernsthaften Dialog mit Kim Jong-un eintreten! Warum ich diese Schritte für so wichtig erachte, werde ich in den folgenden Kapiteln erläutern. Hier rede ich übrigens nicht von jenen Sanktionen gegen die Beschaffung von atomwaffenfähigem Uran und allem, was mit entsprechenden Waffen im Zusammenhang steht. Ich rede von jenen Sanktionen, die sich gegen die nordkoreanische Bevölkerung richten.

Ich rede von jenen Sanktionen, die auf purer Unmenschlichkeit beruhen und zusätzlich die Wirtschaft dämmen. Diese Sanktionen müssen wir abschaffen. Wohlgemerkt, es handelt sich dabei um Sanktionen gegen ein Land, das keinen aggressiven Akt wie beispielsweise Militäraktionen oder Ähnliches durchführte. Erst dann kommt ein Ende dieses Konfliktes in Sichtweite.

Damit das auch wirklich klappt, müssen wir jedoch auch damit beginnen, uns gegenseitig kennenzulernen. Erst wenn sich Menschen einander annähern, kann sinnlose Gewalt aufhören. Wenn wir jemanden nicht kennen, fällt es uns immer leichter, diese Person zu entmenschlichen. Wir müssen also anfangen, Kontakt zu Nordkorea aufzubauen, damit das Land auch mit uns - den Staaten der westlichen Welt - in Kontakt treten kann. Genau aus diesem Grund ist eine gegenseitige Annäherung so wichtig.

Ich bringe Ihnen ein ganz simples Beispiel: Angenommen, das nordkoreanische Volk - und voran natürlich Kim Jong-un - stellt fest, wie lecker eine Rindswurst schmeckt, vielleicht sogar noch in Kombination mit einer grundsoliden Portion Sauerkraut. In diesem Fall werden sicherlich viele Nordkoreaner diesen Geschmack nicht mehr missen wollen.

Mit einem Augenzwinkern ausgedrückt: Niemand greift ein Land an, das in der Lage ist, fantastische Produkte zu liefern und das sich grundsätzlich respektvoll gegenüber anderen verhält. Wir werden uns aber auch nur dann respektvoll verhalten, wenn wir die Nationalspeisen Nordkoreas schätzen gelernt haben, wie etwa eine Meeräschesuppe. Hervorragend, kann ich Ihnen sagen. Oder, wenn wir uns an dessen Raumfahrtprogramm beteiligen. Sie verstehen sicherlich, was ich mit diesem Vergleich ausdrücken möchte.

Im Zweiten Weltkrieg beispielsweise blieb die Stadt Heidelberg von Bombenangriffen angeblich nur deshalb weitgehend verschont, weil viele Amerikaner vor dem Krieg dort studiert haben und diese Stadt schlicht und einfach mochten. So soll General Eisenhower dort einige Zeit gelebt haben und ihm hat es Heidelberg scheinbar zu verdanken, den Krieg weitgehend unbeschadet überstanden zu haben. Der Wahrheitsgehalt dieser Geschichte konnte bislang weder bestätigt noch widerlegt werden, doch zeigt es, wie wichtig eine persönliche Beziehung zu einem anderen Land (oder einer Stadt) sein kann. Wir müssen uns einander annähern, gegenseitig unsere Kultur, unsere Traditionen kennenlernen, wollen wir den Frieden sichern.

Jetzt muss es schnell gehen, um die maximal realistische Katastrophe zu vermeiden, doch welche Alternativen für einen dauerhaften Frieden existieren überhaupt noch? Vor allem, angesichts dieser verfahrenen, scheinbar aussichtslosen Lage. Eine Situation, die von zwei Männern geprägt ist, die sich - so zeigt sich jedenfalls die Wahrnehmung nach außen - über die Größe ihrer Atomknöpfe streiten und einander abwechselnd beleidigen, wie man es sonst nicht einmal aus Nachbarschaftsstreitigkeiten kennt, die im nachmittäglichen Programm privater TV-Sender ausgestrahlt werden.

Wenn nicht sofort etwas passiert, werden die USA im nächsten Schritt einen Präventivschlag einleiten und dazu darf es nicht kommen.

3 – Sanktionen sind nicht immer positiv

Als am 7. Februar 2018 der amerikanische Vize-Präsident Mike Pence die „härtesten Sanktionen aller Zeiten“ gegen Nordkorea ankündigte, war sämtlichen Beobachtern klar, dass sich dieser Konflikt nicht so schnell von selbst auflösen wird, ganz gleich, wie intensiv die zu diesem Zeitpunkt durchgeführten Bemühungen des nordkoreanischen Staates auch sein mögen.

Nordkorea stand sozusagen mit dem Rücken zur Wand, denn eine Verschärfung der Sanktionen hätte für das ohnehin bereits stark gebeutelte Land mit Sicherheit den Beginn einer humanitären Katastrophe bedeutet. Doch stellt dieser Weg tatsächlich den Beginn zur friedlichen Lösung dieses Konfliktes dar? Oder anders gefragt: Wie oft führten Sanktionen gegen einen Staat in der Vergangenheit zu einer dauerhaften Lösung eines Konfliktes?

Sanktionen führen nur selten zum erwünschten Ergebnis

Es gab in der Vergangenheit sicherlich Sanktionen, die letztlich dazu führten, dass Staaten in bestimmten Bereichen einlenkten, und die dadurch zu Teilerfolgen führten, doch aus meiner Sicht werden so gut wie alle Sanktionen falsch eingesetzt, wodurch letztlich eine Verschlechterung, statt einer Verbesserung der ursprünglichen Situation erfolgt. Beispielsweise im Bezug auf den Irak oder den Iran, aber auch die Sanktionen gegen Russland bewirken, dass sich dieses Land wieder mehr vom Westen abwendet und wir steuern dadurch auf eine neue Eiszeit zu, Stichwort: Kalter Krieg. Und auch auf einen neuen Aufrüstungswettkampf.

So führen Sanktionen viel zu häufig zu einer Verhärtung der Beziehung und dadurch zu Entwicklungen, die nicht vorhersehbar sind. So trug etwa im Falle des Irak die Isolierung dieses Landes in Kombination mit der Invasion und der anschließenden US-Besatzung während und nach dem zweiten Irakkrieg wesentlich dazu bei, dass es zur Gründung des Islamischen Staates kam, einer der tödlichsten Terrororganisationen aller Zeiten.[1]

Auch das kann nicht im Sinne des Erschaffers sein. Oder doch? Schließlich kommt es natürlich immer auf die Motivation an, die hinter einer derartigen Sanktion steckt. Am Ende leidet jedoch immer die Bevölkerung darunter und dadurch erfüllen die wenigsten Sanktionen ihren Zweck.

In einer Studie des German Institute of Global and Area Studies (GIGA) stellten die Autoren fest, dass Sanktionen gegen andere Länder - ganz gleich, welcher Art - zwar ein beliebtes außenpolitisches Mittel darstellen, um Druck zu erzeugen, doch bislang konnte damit nur in Ausnahmefällen ein Regimewandel herbeigeführt werden. Es zeigte sich sogar, dass sich derart sanktionierte totalitäre Regime ausgesprochen resistent gegen einen derartigen Außendruck erwiesen haben.[2]

In kritischen Situationen bewirken die meisten Sanktionen also wohl nur wenig und verursachen am Ende eher größeren Schaden, als es ohne dieses Druckmittel der Fall gewesen wäre. Die Frage lautet dabei immer: Was will ich damit erreichen?

Wenn es darum geht, ein Verhältnis zu einem Staat aufzubauen, dann ist der Kontaktabbruch sicherlich die schlechteste Wahl. Wenn ich jemanden zum Freund haben möchte und diesem plötzlich kein Brot mehr anbiete, dann wird er sich zum einen diese Freundschaft überlegen und zum anderen wohl auch wenig Lust verspüren, sich künftig mit mir auszutauschen. Genau das passiert normalerweise, wenn ein Staat - oder eine Staatengemeinschaft - Sanktionen über ein anderes Land verhängt.

Wenn man mit gesundem Menschenverstand vorgeht, wird man keine Medizin benutzen, von der man weiß, dass sie (trotz verheerender Nebenwirkungen) nicht wirkt oder schlimmer noch: nur die guten Zellen zerstört. So in etwa verhält es sich mit Sanktionen. Meistens erweisen sie sich als falsche Medizin, denn sie lindern weder die Symptome, noch versprechen sie langfristige Heilung.

Dabei kommt es natürlich immer darauf an, wofür sie eingesetzt werden. Ein Waffenembargo gegen ein bislang kriegsführendes Land wird sicherlich sehr hilfreich sein, wo hingegen Sanktionen, die sich primär gegen die Bevölkerung richten, um damit Druck auf das Staatsoberhaupt auszuüben, aus meiner Sicht grundsätzlich abzulehnen sind.

Der Versailler Vertrag

Ich möchte Ihnen ein Beispiel bringen, wie falsch eingesetzte Sanktionen zu einer weltweiten Katastrophe führten.

Nach Deutschlands Kapitulation nach dem Ersten Weltkrieg vereinbarten die damaligen Sicherheitsmächte die Bedingungen für ein dauerhaftes Friedensabkommen, das im bekannten Versailler Vertrag mündete. Die damit gestellten Sanktionen waren für die junge Weimarer Republik im Prinzip nicht durchführbar, denn diese Sanktionen führten zwangsläufig zu einer humanitären Katastrophe. Bereits zu diesem Zeitpunkt wurden meines Erachtens die wesentlichen Gründe für den späteren Zweiten Weltkrieg bereitet, der in seinen mörderischen Ausmaßen den Krieg von 1914 bis 1918 sogar noch an Grausamkeit übertrumpfen sollte.

Doch wie kam es dazu?

Nach Ende des Ersten Weltkrieges, bei dem Deutschland als Verlierer hervorging, begannen 1919 die Friedensverhandlungen mit den alliierten Siegermächten, wobei Deutschland an diesen Verhandlungen nicht teilnehmen durfte, sondern erst kurz vor Vertragsunterzeichnung durch schriftliche Eingaben wenige Nachbesserungen vorschlagen durfte. Hier behandelte man den Verlierer, Deutschland, nicht so, wie man eine unterlegene Nation behandeln sollte, nämlich auf Basis von Gerechtigkeit. Die damaligen Siegermächte waren nachtragend und wollten mit dem gesamten Ablauf rund um den Versailler Vertrag Deutschland vor den sprichwörtlichen Karren fahren. Sie wollten Rache nehmen.

Aus meiner Sicht muss man einander nach jeglichem Konflikt in die Augen blicken können, auch wenn es sich um einen Krieg handelte. Dieses Verhalten fehlt beispielsweise in der Auseinandersetzung zwischen Nordkorea und den USA völlig, wobei wir alle aus der Geschichte hätten lernen sollen, wohin ein nachtragendes Miteinander (oder besser: Gegeneinander) führen kann, wohin Rachegelüste führen können.

Letztlich wurde Deutschland alleinig für den Ausbruch des Krieges verantwortlich gemacht, es wurde zu Gebietsabtretungen und auch zu Reparationszahlungen an die Siegermächte verpflichtet. Die Vertragsbedingungen wurden von der Mehrheit der deutschen Bevölkerung als illegitim und demütigend empfunden, wodurch schließlich der Grundstein für den späteren Hass innerhalb der deutschen Bevölkerung gesät wurde und auch Propagandisten ein guter Anknüpfungspunkt geboten wurde. Vermutlich konnte überhaupt erst dadurch eine Person wie Adolf Hitler an die Macht kommen. Auch das hätten wir alle längst begreifen müssen: Wenn innerhalb einer Bevölkerung Hass auf ein anderes Land aufkeimt, dann entsteht viel leichter die Bereitschaft für einen Krieg. Aus diesem Grund halte ich Sanktionen, die sich primär gegen die Menschen eines Staates richten für so gefährlich.

Dieses Empfinden - die Demütigung - verstärkte sich, als das Deutsche Reich durch die Vertragsbedingungen schließlich auch wirtschaftlich schwer getroffen wurde. Durch die territorialen Abtretungen verlor es 80 Prozent seiner Eisenerzvorkommen, 63 Prozent der Zinklager und knapp 30 Prozent der Steinkohleförderung sowie 40 Prozent seiner Hochöfen. Auch die Getreideernte und der Viehbestand reduzierten sich schlagartig um 15 bzw. 17 Prozent. Der Außenhandel war ebenfalls stark beeinträchtigt, da das Deutsche Reich etwa 90 Prozent seiner Handelsflotte verlor.[3]

All das führte schließlich zu einer gewaltigen Wirtschaftskrise, nachdem am 24. Oktober 1929 an der New Yorker Börse die Kurse abstürzten. Damals taumelte die Welt in eine Wirtschaftskrise ungeahnten Ausmaßes und Deutschland, respektive: die Weimarer Republik - die ohnehin mit den Folgen des Versailler Vertrages zu kämpfen hatte - traf es besonders hart. Die Reichsregierung unter der Leitung von Heinrich Brüning konnte trotz eines strikten Sparkurses den völligen Zusammenbruch der heimischen Wirtschaft nicht verhindern.[4]

Dieser Sparkurs führte zu einer enormen Arbeitslosigkeit und dadurch zu einem massiven Elend innerhalb der Bevölkerung.

Unter diesen Rahmenbedingungen hatte der junge Adolf Hitler ein relativ leichtes Spiel, um den verzweifelten Menschen neue Hoffnungen zu machen. Wohin seine Politik führte, wissen vermutlich die meisten Menschen auf diesem Planeten: Im Jahre 1939 kam es zum Zweiten Weltkrieg, der bislang furchtbarsten militärischen Auseinandersetzung mit über 60 Millionen Todesopfern.[5]

Vermutlich wäre der Zweite Weltkrieg nicht so leicht zustande gekommen, wenn es Sanktionen gegen Deutschland nicht gegeben hätte. Dieses Beispiel zeigt auf, welche Gewaltspirale derartige Repressalien gegen ein anderes Land anheizen können. An dieser Stelle lässt sich gut erkennen, wohin Hass und Verzweiflung in Verbindung mit Armut und Unterdrückung innerhalb einer Bevölkerung führen können. „Wenn wir nicht überleben können, dann sollen auch unsere Feinde sterben.“

Ich denke, so in etwa lässt sich die Grundstimmung beschreiben, die in dieser Zeit innerhalb der verzweifelten deutschen Bevölkerung herrschte. Ansonsten hätte in Deutschland ein Politiker wie Hitler wohl nie ein ganzes Volk für seine wahnsinnigen Pläne gewinnen können, doch die deutsche Bevölkerung fürchtete um ihr Überleben und daraus entstand eine Kraft, die niemand zuvor für möglich hielt. Eine Kraft, die nur noch ein militärisches Vorgehen als Lösung kannte. Leider.

Und genau wir Europäer, wir Deutschen, können am besten beurteilen, in welche Situation wir Nordkorea bringen.

Aus diesem Grund führte ich die Entwicklung an, die sich nach der Unterzeichnung des Versailler Vertrages zutrug. Wenn jemand das Leid und die Wut eines Volkes kennt, das von anderen Staaten gegängelt wird, dann wir. Eben weil es auch wir waren, die letzten Endes den Ausbruch des Zweiten Weltkrieges zu verantworten hatten. Aus Hass gegenüber denjenigen, die uns unterdrückten. Deshalb sollte es auch in unserer Verantwortung liegen, dafür zu sorgen, dass sich so etwas nicht wiederholt, denn mit dem Nordkorea-Konflikt steuert die Welt erneut auf eine vergleichbare Katastrophe zu.

Aus meiner Sicht ist insbesondere Deutschland dazu verpflichtet, sich dafür zu engagieren, diesen Konflikt wieder in die richtige Richtung zu führen. Nämlich aus dem Grund, dass es keine andere Nation auf dieser Welt besser weiß als wir.

Ich drücke es mal ganz simpel aus: Wenn wir einen Hund in eine Ecke drängen, wird er irgendwann einmal zubeißen, um sich aus dieser Lage zu befreien. Auch Nordkorea wird sich irgendwann wehren, wenn die Sanktionen in dieser Weise weitergehen.

Sanktionen sind häufig die Keimzelle für neue Kriege

Ich gehe davon aus, jeder Staat - bzw. dessen Bevölkerung - erträgt ein bestimmtes Maß an Einschränkungen, die unter dem Druck anderer Nationen entstehen. Steigt jedoch der Leidensdruck über eine kritische Grenze, reagiert dieser mit Gewalt. Hier existieren aus meiner Sicht drei verschiedene Phasen:

Zunächst einmal wird dieser Staat versuchen, auf einer vergleichbaren Ebene zurückschlagen. Ein gutes Beispiel stellen hier die Strafzölle der USA gegenüber Europa dar: Die Europäische Gemeinschaft reagiert auf der gleichen Ebene und stellt ebenfalls Strafzölle auf US-amerikanische

Produkte in Aussicht. Im Falle Nordkoreas fehlt eine vergleichbare Gegenreaktion, da dieses Land auf Importe angewiesen ist und keine nennenswerten Exporte in die USA sowie die EU vorzuweisen hat.

Im nächsten Schritt kommt es zu Drohszenarien. In dieser Phase befinden sich beide Länder aktuell.

Wenn der Leidensdruck zu hoch wird und die vorangegangenen Phasen keine Verbesserung brachten, kommt es zur dritten Phase und damit schließlich zu militärischen Auseinandersetzungen, sei es als offener Krieg, als terroristische Akte oder als Sabotageakte zum Beispiel in Form von Hackerangriffen.

Ein gutes Beispiel für diese Konfliktspirale stellt der Angriff Japans auf Pearl Harbor dar. Am 7. Dezember 1941 griff Japan völlig unerwartet und ohne vorherige Kriegserklärung die US-amerikanische Pazifikflotte auf Hawaii an. Warum kam es zu diesem aggressiven Akt?

Im September 1940 schränkten die USA unter ihrem Präsidenten Franklin D. Roosevelt den amerikanischen Export von Erdöl und Stahl nach Japan ein. Der Grund dafür lag am besonders aggressiven Vorgehen Japans im zweiten Japanisch-Chinesischen Krieg mit vielen Gräueltaten, die an der chinesischen Bevölkerung begangen wurden. Nachdem das japanische Militär nicht einlenkte, sondern sogar noch damit begann, Truppen in Indochina zu stationieren, verhängten die USA ein komplettes Embargo, dem sich auch Großbritannien und Niederländisch-Indien anschlossen. Das bedeutete für das Land mit dem roten Punkt in der Flagge, dass es auf einen Schlag 75 Prozent seines Außenhandels und 90 Prozent der Öl-Importe verlor.

Am 26. November 1941 nahm Japan Verhandlungen mit der amerikanischen Regierung auf, jedoch scheiterten diese Verhandlungen, da Japan die Bedingungen der USA als Ultimatum auffasste, die für dessen Militär unannehmbar waren. Zwar führte Japan die Verhandlungen zum Schein weiter, bereitete jedoch bereits alles für den Angriff auf Pearl Harbor vor.[6] Der Rest dieser Geschichte ist sicherlich hinreichend bekannt.

Natürlich steht außer Frage, dass das Verhalten Japans nicht zu tolerieren war. Die Grausamkeiten seiner Soldaten kannte keine Grenzen und man durfte nicht tatenlos zusehen, wenn unzählige Menschen von den Japanern abgeschlachtet wurden. Gleichzeitig führten die Sanktionen gegen das Land zu einem Verzweiflungsschlag, der letztlich weitere hunderttausende Todesopfer forderte (wenn man den Angriff auf Pearl Harbor und den Abwurf der beiden Atombomben auf Hiroshima und Nagasaki zusammenzählt).

Das Land wäre wirtschaftlich innerhalb weniger Monate völlig zusammengebrochen, deswegen reagierte es unter diesem Druck auf diese Weise. Ich möchte hier weder das Verhalten Japans gutheißen noch jenes der USA, sondern ich zeige auf, wohin Sanktionen führen können, wenn sie wenig intelligent oder ohne oder nur mit geringer Weitsicht umgesetzt werden.

Ein weiteres Beispiel in diesem Zusammenhang stellt für mich der Konflikt mit dem Irak dar. Nach dem ersten Irakkrieg, der mit der gewaltsamen Eroberung Kuwaits durch den Irak im Jahre 1990 seinen Anfang nahm, führte eine Koalition mehrerer Länder, angeführt durch die USA, 2003 einen weiteren Krieg gegen den Irak durch. Davor gab es bereits jahrelange Sanktionen, die sich hauptsächlich gegen die irakische Bevölkerung richteten. Diese Sanktionen kosteten im Irak Millionen Menschenleben, insbesondere deshalb, da unter dieses Importverbot auch lebenswichtige Produkte wie Medikamente und medizinische Geräte fielen, aber auch wichtige Lebensmitteln wie Milchpulver. Dadurch starben innerhalb weniger Jahre alleine hunderttausende Kinder. Das Land konnte diese wichtigen Produkte schließlich nicht selbst herstellen, da im ersten Irakkrieg sämtliche Produktionsanlagen des Landes entweder zerstört wurden oder unbrauchbar geworden waren.[7]

An dieser Stelle lässt sich übrigens auch eine Strategie der USA erkennen, die sie bereits mehrfach umsetzten. Zunächst wird ein Staat so lange unter Druck - vorzugsweise mit Sanktionen - gesetzt, bis er so gut wie keinen Handlungsspielraum besitzt und sobald dieser dann aggressiver reagiert, beginnen die Vereinigten Staaten mit einer militärischen Offensive. Wie ich bereits ausführte, entstand aus heutiger Sicht mit hoher Wahrscheinlichkeit die Terrorgruppe Islamischer Staat (ISIS) aus dieser unsäglichen Entwicklung und das ist wiederum ein Preis, den wir letztlich alle zahlen.[8]

Wie lautet dann die Alternative zu Sanktionen?

Wenn also der durchaus gängige Weg, über Sanktionen einen „aus der Spur gelaufenen“ Staat zum Einlenken zu bewegen nicht oder nur in ausgesprochen geringem Maße zum Erfolg führt, oder sogar mitunter entartet, sprich: In einer völlig ungerechtfertigten Form von Gewalt endet, welche Möglichkeiten gibt es dann stattdessen?

Es scheint spätestens an dieser Stelle klar zu werden, dass sämtliche Mechanismen, die auf Druck beruhen, letztlich so gut wie immer eine Gewaltspirale entfachen und in ihrem eigentlichen Ursprung versagen.

Doch welche Alternativen existieren? Aus meiner Sicht müssen verschiedene Wege beschritten werden. Zunächst einmal müssen wir aufhören, Kriegspropaganda einzusetzen, um ein Land oder dessen Staatsoberhaupt zu diffamieren. Der gängige Weg, Stimmung gegen anderen Staat zu machen, um die Bevölkerung des eigenen Landes auf einen bevorstehenden Militärkonflikt einzustimmen, muss endlich aufhören. Leider handelt es sich dabei um ein seit Jahrhunderten bewährtes Mittel der „Kriegsführung", das in der Neuzeit durch die modernen Medien immer subtiler geführt wird. Wie diese Kriegspropaganda im Detail abläuft und welchen Weg wir stattdessen einschlagen sollten, stelle ich im vierten Kapitel vor.

Natürlich ist es die Pflicht der Medien, auf Missstände aufmerksam zu machen, keine Frage. Gleichzeitig verurteile ich jegliche Stimmungsmache gegenüber anderen Staaten zutiefst, zumal sich diese nie auf irgendwelche sachlich korrekten Grundlagen berufen, sondern nur dem Zweck dienen, eine andere Nation - oder dessen Staatsoberhaupt - zu dämonisieren. Keine Chance dem Dogma. Jeder souveräne Staat hat das Recht auf seine eigene Regierungsbildung. Das möchte ich nochmals an dieser Stelle klar zum Ausdruck bringen.

Dann müssen Sanktionen, die sich insbesondere gegen die Bevölkerung eines Landes richten, untersagt werden. Diese Form des Druckmittels hat sich noch nie bewährt, um eine friedliche Lösung herbeizuführen, wie ich in diesem Kapitel bereits aufzeigte.

Wenn Sanktionen tatsächlich eingesetzt werden müssen, dann in einer Weise, wie ein Elternteil sein Kind bestraft. Was meine ich damit? Wenn einer meiner Söhne etwas angestellt hat, das sich nicht wiederholen soll, dann verdonnere ich ihm vielleicht zu einer Woche Hausarrest oder er bekommt in den nächsten vierzehn Tagen kein Eis (je nachdem, wie schwer sein „Vergehen" war und um welchen meiner Söhne es sich handelt). Das bedeutet jedoch gleichzeitig, ich möchte ihm klarmachen, dass ich seine Taten missbillige und von ihm künftig ein anderes Verhalten erwarte. Als Vater werde ich ihn jedoch nicht fast verhungern lassen oder ihn deswegen in eine Schlangengrube werfen. Er ist doch mein Sohn! Verstehen Sie, was ich damit auszudrücken versuche? Genau so sollten wir uns auch verhalten, wenn wir Sanktionen - als unausweichliches Lösungsmittel - einsetzen müssen.

Schließlich muss ein Weg gefunden werden, um mit Ländern, die eine mögliche Gefahr für eine Region - oder sogar für die Weltgemeinschaft - darstellen, in einen Dialog einzutreten. Dieser Dialog zielt darauf ab, Gemeinsamkeiten zu finden und darauf aufbauend eine sinnvolle Lösung für alle Beteiligten zu entwickeln.

Das ist absolut möglich und in den Kapiteln fünf und sechs stelle ich Ihnen meine Überlegungen dazu vor.

Im Falle Nordkoreas müssen wir jetzt eine Änderung der bisherigen Politik durchführen, die darauf abzielt, das Land so sehr unter Druck zu setzen, bis eine militärische Intervention unvermeidbar wird. Das ist realisierbar, davon bin ich überzeugt, doch es muss schnell passieren, sonst bewegen wir uns auf eine Katastrophe zu, deren Ausmaß wir alle wahrscheinlich nicht im Geringsten einschätzen können.

Hier muss die europäische Außenpolitik - bzw. die europäische Sicherheitspolitik - schnellstmöglich Lösungen anstreben, basierend auf den ihr bekannten Erfahrungswerten.

4 – Die Medien und die Kriegspropaganda

Zu Beginn dieses Kapitels stelle ich Ihnen in wenigen Sätzen vor, wie Kriegspropaganda erfolgreich eingesetzt wird, um ein Staatsoberhaupt - oder gleich ein ganzes Land - zu diffamieren. Denn eines erscheint klar: Es kann kein Land angegriffen werden, bevor dessen Oberhaupt bei der breiten Öffentlichkeit als Feind oder in irgendeiner Form als Monster positioniert wurde. Der schnellste und einfachste Weg dorthin funktioniert über den Begriff „Diktator“. Warum das der Fall ist und was tatsächlich hinter diesem Wort steckt, folgt im Laufe dieses Kapitels, doch zuvor möchte ich Ihnen einen relativ aktuellen Fall von Kriegspropaganda vorstellen, der so ziemlich alle Aspekte enthält, die nötig sind, um einen Gegner in der Öffentlichkeit möglichst negativ darzustellen.

Der Fall Skripal

Am 4. März 2018 wurden der ehemalige russische Geheimdienstoffizier Sergej Skripal und seine Tochter Julia Ziel eines Giftanschlages in der englischen Stadt Salisbury. Dieser Fall entwickelte sich innerhalb weniger Tage zu einem ernst zu nehmenden Konflikt zwischen Großbritannien, der EU und den USA auf der einen und Russland auf der anderen Seite. Bemerkenswert daran sind aus meiner Sicht die Mechanismen, wie Journalisten und Medienunternehmen von der Politik gezielt zu Propagandazwecken benutzt werden, um auf diese Weise den Druck auf ein Land zu erhöhen, das ohnehin seit Längerem im Visier einiger westlicher Länder steht.

Wie bereits eingangs erwähnt eignet sich der Fall Skripal deswegen hervorragend als Beispiel für Kriegspropaganda, weil dieser Vorfall aus der jüngeren Vergangenheit zeigt, wie perfide die Politik vorgeht, um ihre eigenen Interessen durchzusetzen.

Auf den folgenden Seiten stelle ich Ihnen diese Strategie vor, mit der die Skripal-Affäre medienwirksam als Druckmittel gegen Russland inszeniert wurde. Dabei erlebte die Weltöffentlichkeit, wie Politiker eines Landes ganz gezielt einen gefährlichen Konflikt anzetteln, der sogar zu einem Krieg hätte führen können. Beinahe ein Lehrstück und deswegen steht dieser Fall stellvertretend für die Mechanismen der Kriegspropaganda.

Doch alles der Reihe nach: Bei Sergej Skripal handelt es sich um einen Doppelspion, der im Jahre 2010 wegen Spionage für Großbritannien in Russland zu 13 Jahren Gefängnis verurteilt wurde. Im Rahmen eines Agentenaustausches kam er frei und ließ sich in Salisbury nieder. Anfang März 2018 kam seine Tochter aus Russland, um ihren Vater zu besuchen, und nach einem gemeinsamen Mittagessen gingen beide in das Stadtzentrum, wo man sie kurz darauf bewusstlos auf einer Bank entdeckte. Sie wurden beide ins Krankenhaus gebracht und wenige Tage später teilte die Polizei mit, dass die Skripals mit einem Nervenkampfstoff in Kontakt kamen und es sich vermutlich um einen Mordversuch handelte.

Bereits fünf Tage später äußerte Premierministerin Theresa May vor dem britischen Unterhaus, dass es sich bei diesem Gift um das militärische Nervengift Nowitschok (A-234) handelte, das die Sowjetunion während des Kalten Kriegs entwickelt hatte. Für Premierministerin May war der Fall damit so klar, wie quellfrisches Gebirgswasser: Der Auftraggeber für diesen Mordversuch stammt aus Russland, und zwar direkt aus den Reihen der russischen Regierung.

Wissen Sie, diese scharfzüngige Logik, ganz im Stile der fiktiven Meisterdetektivin Miss Marple aus den Romanen von Agatha Christie, besitzt lediglich einen winzigen Schönheitsfehler: Nur weil dieses Nervengift vor mehreren Jahrzehnten in der Sowjetunion entwickelt wurde, bedeutet es nicht automatisch, dass Russland - oder die russische Regierung - automatisch in diesem Fall verwickelt sein muss. Das wäre, als würde man die Firmenbosse von Waffenherstellern wie Colt, Smith & Wesson oder Glock vor Gericht zerren, weil jemand mit ihren Waffen erschossen wurde. Wie ich später noch zeigen werde, muss der Entwickler dieses Nervengiftes nicht automatisch auch der einzige Hersteller sein, doch genau das versuchte die britische Regierung der breiten Öffentlichkeit zu suggerieren, nämlich mithilfe der Medien, die diesen billigen Täuschungsversuch auch noch dankbar annahmen. Das ist Propaganda in ihrer reinsten Form.

Jedenfalls gab May der russischen Regierung bis Mitternacht des 13. März Zeit, eine Erklärung dafür abzuliefern. „Sonst müsse es mit umfassenden Vergeltungsmaßnahmen rechnen", teilte sie der Presse mit.[1]

Was mir in dieser Angelegenheit Sorgen bereitet, ist der Weg der britischen Premierministerin May, diesen Vorfall zu nutzen, um ihre Popularität innerhalb ihrer Bevölkerung wieder anzuheben. Das genau unterstelle ich ihr, denn warum sollte sie sonst innerhalb weniger Tage zu derart drastischen Mitteln greifen, OHNE auch nur einen Hauch an Beweisen zu besitzen.

Vor allem, da es sich auch bei Großbritannien um einen Rechtsstaat handelt. Das bedeutet, das britische Justizsystem verhindert eine Verurteilung ohne eine ausreichend begründbare Beweislage. Aus diesem Grund funktioniert es glücklicherweise auch nicht, dass irgendeine x-beliebige Person behauptet, ich hätte beispielsweise jemanden ermordet und daraufhin werde ich verhaftet und für den Rest meines Lebens weggesperrt. Ohne Beweise - oder stichhaltiger Indizien - kommt es zu keiner Verurteilung. Das System des Rechtsstaates schützt uns vor solchen Situationen.

Noch vor wenigen Jahrhunderten sah es in Europa jedoch noch ganz anders aus. Im Mittelalter genügte häufig eine Anschuldigung oder eine vage Behauptung als Beweis für eine begangene Straftat. Die Hexenverfolgung im Mitteleuropa ab dem 15. bis etwa zum 17. Jahrhundert wäre beispielsweise mit einem modernen rechtsstaatlichen System mit Sicherheit undenkbar gewesen. Doch zu dieser Zeit genügte es zu behaupten, jemand wäre auf seinem Besen durch den Vorgarten geflogen, um diese Person zu verhaften.

Genau das tat jetzt die britische Premierministerin May und - jetzt kommt es noch schlimmer - sämtliche andere Staaten innerhalb der Europäischen Union folgten ihrem Beispiel auch noch!

Stattdessen hätte der Fall Skripal ausreichend untersucht werden müssen. Wenn eindeutige Beweise vorliegen, muss gegen die Schuldigen entsprechend vorgegangen werden, falls diese Beweise nicht existieren, gilt die Unschuldsvermutung, auch Benefit of Doubt genannt. „Im Zweifel für den Angeklagten", wie es auf Deutsch genannt wird. Und ganz ehrlich: Jeder Politiker, zumindest in Europa, kennt die beiden Begriffe „Benefit of Doubt" und „Innocent until proven guilty" und weiß damit umzugehen. Entweder, weil er selbst ein Jura-Studium absolviert hat oder weil er über Berater an seiner Seite verfügt, die darüber Bescheid wissen. Aus diesem Grund bin ich mir absolut sicher, dass die britische Regierung ganz bewusst den Konflikt zu Russland suchte und deswegen ein dermaßen unverantwortliches Verhalten in dieser Angelegenheit an den Tag legte.

Unschuldsvermutung hin oder her, innerhalb weniger Tage weitete sich diese Angelegenheit zu einer gewaltigen politischen Affäre aus, in deren Zuge insgesamt über 100 russische Diplomaten aus 24 Ländern ausgewiesen wurden, als Zeichen der Solidarität zu Großbritannien und gleichzeitig ein Zeichen dafür, dass man im Fall Skripal davon überzeugt war, in Russland längst den Schuldigen für diesen Giftanschlag gefunden zu haben.[2] Zynisch ausgedrückt könnte man meinen, Russland war dummerweise weiblich, rothaarig und besaß zudem noch einen Besen.

Dabei handelte es sich um einen direkten Schlag ins Gesicht der russischen Regierung, denn zu diesem Zeitpunkt existierte kein einziger Beweis, dass Russland tatsächlich hinter diesem Anschlag steckte.

Wissen Sie, so werden Kriege gemacht und das schreibe ich ganz bewusst, denn dieses Verhalten empfinde ich als unwürdig für einen Staat, der sich für ein friedliches Miteinander ausspricht. So reagieren nur Politiker, die Ihre Macht mittels direkter Konfrontation auszuweiten versuchen.

Stellen Sie sich mal vor, Ecuador hätte den USA ein vergleichbares Ultimatum gestellt, weil ein Bürger vergiftet wurde und vermutlich die CIA dahintersteckt und kurz darauf weist das Land sämtliche amerikanische Diplomaten aus. Was, meinen Sie, würde passieren? Ich denke mal laut: Zunächst ginge ein Aufschrei durch sämtliche westliche Staaten, denn wie könne man den USA ein dermaßen schändliches Verhalten vorwerfen?

Dann würde sich die halbe US-Marine inklusive der Hälfte der US-Air Force in Richtung Ecuador in Bewegung setzen. Die andere Hälfte befindet sich ja bereits vor der Haustüre von Kim Jong-un. Anschließend kommen die Sanktionen. Diese reduzieren die Bevölkerungszahl etwa um ein Drittel und dann, als finaler Akt sozusagen, präsentieren die USA Satellitenbilder mit angeblichen Atomanlagen oder Fabriken in Ecuador, die chemische und biologische Waffen produzieren. Der darauffolgende Militärschlag ist nur noch einen Wimpernschlag entfernt, wodurch Ecuador schließlich endgültig den Erdboden gleichgemacht wird. Natürlich alles nur, um den Weltfrieden zu sichern.

Bei diesem Szenario handelt es sich selbstverständlich um eine überzeichnete Situation, doch ich möchte auf diese Weise aufzeigen, wie sehr hier mit zweierlei Maß gemessen wird. Die westlichen Staaten wie die USA, Europa und deren jeweiligen Verbündeten entscheiden über die Definition von Recht und Unrecht. Punkt. Aus. Klappe zu.

Funktioniert das politische Leben wahrhaftig auf so einfache Weise? Ich behaupte: Glücklicherweise nicht.

Was wir tatsächlich über den Fall Skripal wissen

Welche Fakten waren denn der Öffentlichkeit tatsächlich zu diesem Zeitpunkt bekannt? Zunächst einmal ist es das Nervengift, das zur Zeit des Kalten Krieges in der Sowjetunion entwickelt wurde. Interessanterweise wurde am 25. März 2018 ein Artikel veröffentlicht, nach dem dieser Nervenkampfstoff A-234 (mit dem die Skripals vergiftet wurden) angeblich sogar in den USA entwickelt wurde und nicht in einem russischen Labor.[3]

Handelt es sich dabei um einen Versuch der russischen Regierung, bewusst Verwirrung über den Ursprung des Nervengiftes zu verursachen? Handelt es sich dabei also um eine Falschnachricht? Stammte dieses Gift – das den Skripals verabreicht wurde – sogar aus einem anderen Land, vielleicht sogar aus den USA? Schließlich wird A-234 auch in anderen Staaten hergestellt, einschließlich den Vereinigten Staaten von Amerika.

Anfang April berichtete unter anderem die *FAZ* - unter Berufung auf einen Artikel der britischen *Times* - es wurde endlich das russische Labor identifiziert, in dem das Nervengift für den Giftanschlag auf Julia und Sergej Skripal hergestellt wurde.[4] Dies sei mittels wissenschaftlicher Analysen und mithilfe von Geheimdiensten gelungen. Gleichzeitig verweist die Zeitung auf einen Bericht der britischen Forschungsanlage Porton Down, demzufolge die präzise Quelle des Nervengifts noch unklar ist. Also was jetzt?

Seien wir doch mal ehrlich: Wer an dieser Stelle denkt, dass innerhalb eines Monats jenes chemische Labor ausfindig gemacht werden kann, das besagtes Nervengift herstellte, obwohl diese Substanz überall in der Welt hätte produziert werden können, muss von unsagbarer Naivität beseelt sein. Wer glaubt denn so etwas? Vor allem, wenn dieses Nervengift in so ziemlich jedem Chemielabor einer Universität hergestellt werden kann, wie der ehemalige britische Botschafter Craig Murray verriet und als Beispiel dafür seine Studenten von der Cornell University nannte.[5]

Die Medien hingegen glauben die Geschichte vom russischen Labor, das die scheinbar weltweit einmalige Fähigkeit besitzt, dieses Nervengift herzustellen, und verbreiten die Meldung eifrig. Und Frau Theresa May glaubt das auch, allem Anschein nach.

Oder ging es ihr überhaupt nicht darum, was man glaubte und was nicht? Wollte sie die Angelegenheit stattdessen lediglich nutzen, einen Giftstachel zu setzen? Denkbar wäre ja sogar, dass der Mord vom britischen Geheimdienst begangen und dem russischen in die Schuhe geschoben werden sollte. Doch das ist natürlich genauso spekulativ, wie die offizielle Version Großbritanniens. Was wollte Theres May wirklich? Krieg zwischen Europa und Russland? Oder will England auf diese Weise die Beziehung zu Europa nach dem Brexit verbessern?

Ich möchte hier keine Verschwörungstheorien entwickeln, sondern ich will aufzeigen, wie Tatsachen verschoben werden, um innerhalb einer Bevölkerung eine ganz bestimmte Stimmung zu erzeugen. Eine Stimmung, die notwendig ist, um den Rückhalt für Entscheidungen zu erzeugen.

So wie damals die USA dem Irak vorwarfen, Anlagen zu besitzen, die chemische Kampfstoffe entwickelten und daraufhin einen Militärschlag durchführten. Für derartige Entscheidungen braucht es den Rückhalt des Volkes, möchte man hinderliche Unruhen im eigenen Land vermeiden, wie sie etwa während des Vietnamkrieges aufkamen. Dummerweise stellte sich später heraus, dass die Existenz der chemischen Anlagen zur Giftgasherstellung im Irak eine einzige Lüge war.

Warum lässt sich die britische Regierung nicht die nötige Zeit, um diesen Fall in aller Ruhe zu untersuchen und dann - in drei oder in sechs Monaten - ein Ergebnis zu präsentieren, das hieb- und stichfest ist? Denn dieses Vorgehen wäre logisch gewesen. Die Präsentation eines Schuldigen innerhalb weniger Tage ist nicht logisch, sie ist absurd. Ich gehe davon aus, die russische Regierung sollte unter massiven Druck gesetzt werden, aus Gründen, über die man nur spekulieren kann. Möglichkeiten dazu existieren genügend: die Rolle Russlands im Syrien-Krieg, die Rolle Russlands im Falle Nordkoreas, die Besetzung der Krim, die Konflikte mit der NATO und vieles mehr.

Es ging also niemals um eine solide Aufklärung, sondern immer nur darum, Druck aufzubauen. Es ging um eine Inszenierung, die mittels der Medien bühnenreif umgesetzt werden sollte.

Wo stehen wir also im Fall Skripal? Wir wissen, dass es keinen einzigen wirklichen Beweis dafür gibt, dass Russland diesen Mordanschlag in Auftrag gab, trotzdem entstand daraus ein schwerer internationaler Konflikt, der noch weitreichende Folgen haben könnte und hier lässt sich gut erkennen, welche Macht Medien in der Meinungsbildung besitzen. Schließlich berichteten sämtliche Nachrichtenkanäle sofort einhellig vom einzig möglichen Schuldigen: Russland.

Dabei stellte sich allem Anschein nach niemand die Frage, aus welchem Grund die russische Regierung die Skripals überhaupt ermorden wollen sollte? Weil er als ehemaliger russischer Geheimdienstmitarbeiter sensible Informationen verraten könnte? Wenn das der Fall wäre, warum sollte er erst nach 8 Jahren mit dem Ausplaudern beginnen? Schließlich lebt er ja bereits seit 2010 in Großbritannien. Was hätte also Russland von seinem Tod? Und wenn es der russische Geheimdienst war, der ihn mit A-234 umzubringen versuchte, warum verwendet er dann ein Nervengift, dessen Ursprung sehr schnell auf Russland zurückgeführt werden kann? Sicherlich nicht, weil der russische Geheimdienst aus unfähigen Dilettanten besteht. Es passt einfach alles nicht zusammen.

Wie bestimmte Begriffe für Kriegspropaganda eingesetzt werden

Jetzt möchte ich Ihnen ein weiteres Beispiel vorstellen, wie sich Politiker und Medien der gezielten Propaganda bedienen, um ein Staatsoberhaupt zu diskreditieren. Dabei erweist sich das Wort „Diktator“ als überaus hilfreich. Noch besser ist es sogar, gleich einen Vergleich mit Hitler oder Stalin zu bemühen, den wahrscheinlich größten Despoten der Weltgeschichte. So verglich etwa Trumps Sprecher Sean Spicer im April 2017 den syrischen Staatschef Baschar al-Assad mit Adolf Hitler, indem er sagte: „Nicht einmal Hitler ist so weit gesunken, Chemiewaffen einzusetzen.“ Diese Aussage erhitzte logischerweise die Gemüter einiger Historiker und selbstverständlich auch die einiger jüdischer Organisationen, wodurch Spicer wieder zurückruderte, doch das Gift war gesetzt, das Ziel war erreicht worden: Die Medien schrieben weltweit sinngemäß, dass Assad so schrecklich wäre, wie es Adolf Hitler seinerzeit war.[6]

Auch Kim Jong-Un wird in den Medien vornehmlich als Diktator bezeichnet, wodurch eine ganz bestimmte Stimmung gegen Nordkorea innerhalb der westlichen Bevölkerung erzeugt wird. Insbesondere in Europa ist der Begriff der Diktatur als Gewaltherrschaft besetzt und die meisten Europäer denken dabei an die beiden Weltkriege und an die bereits vorhin erwähnten Personen wie Adolf Hitler oder Josef Stalin, die unzählige Todesopfer zu verantworten hatten und eine blutige Spur durch den europäischen Kontinent zogen.[7]

Kurz gesagt verfolgt der Begriff Diktator normalerweise das Ziel, das „feindliche“ Staatsoberhaupt zu dämonisieren. Übrigens wird auch Wladimir Putin in den Medien gerne als Diktator bezeichnet. Auf diese Weise bleibt Russland als Feindbild in den Köpfen der westlichen Bevölkerung nachhaltig verankert.

„Diktatur“ muss nicht immer negativ besetzt sein

Wenn wir das Wort „Diktator“ hören, denken wir automatisch an machthungrige Verbrecher, die über Leichen gehen. Jedoch stimmt diese Schlussfolgerung nicht, denn erstens treffen wir häufiger auf eine Diktatur, als wir vielleicht ahnen und zweitens kann eine derartige Staatsform durchaus sinnvoll sein.

Was meine ich damit? Für das eine Land mag die Demokratie ideal sein, für das andere wiederum ist es die Diktatur. Wer kann darüber bestimmen, wann welche Staatsform passt? Ich frage mich, wer sich guten Gewissens die Arroganz herausnimmt, hier über andere Staaten zu entscheiden? Wer die Meinung vertritt, in einem Land, in dem vielleicht 80 bis 90 Prozent Analphabeten leben, ist die Demokratie die einzig sinnvolle Lösung, der beweist auf eindrucksvolle Weise seine politische Ahnungslosigkeit.

Doch genau diese Ansicht vertraten jene Staatsoberhäupter, die beispielsweise den Irak angriffen, um einen Regimewechsel herbeizuführen und diesen Weg im Falle Syriens ebenfalls gehen.

Eine andere Möglichkeit wäre natürlich, diese Staatschefs verfügten sehr wohl über hervorragendes politisches Wissen, verfolgten jedoch ganz andere Interessen, die mit Politik nur wenig gemein haben. Punkt an dieser Stelle ist in jedem Fall, dass sie Kriegspropaganda als Mittel der Wahl einsetzen, um ihre Ziele zu erreichen.

Aus meiner Sicht hat sich kein Land in die Belange eines anderen Staates einzumischen, es sei denn, es werden vorsätzlich Menschenrechtsverletzungen in diesem Land begangen oder die Bevölkerung erleidet ganz bewusst Schaden durch die Regierung. Und damit meine ich jetzt nicht, dass zuvor Sanktionen durchgeführt werden, die sich primär gegen die Bevölkerung richtet, um dann einen Militärschlag gegen das Land durchzuführen, wie es im Irak der Fall war.

Wenn sich ein ganzes Volk durch die Führungsspitze in Gefahr befindet, muss durch die Vereinten Nationen eine Entscheidung über die weitere Vorgehensweise herbeigeführt werden und erst dann darf eine Handlung durchgeführt werden und keine eigenmächtige Militäraktion eines

Staates, nur weil hier wirtschaftliche oder sonstige individuelle Interessen im Vordergrund stehen.

Ein positives Beispiel für eine erfolgreiche Diktatur stellt für mich Pakistan dar. Hätte dieser Staat nach seiner Gründung im Jahre 1947 unter einer Legislative wie etwa England gestanden, wäre die rasante Entwicklung Pakistans sicherlich unmöglich gewesen. Damals mussten viele Entscheidungen relativ schnell getroffen werden. Mit einem demokratischen System hätten diese Schritte einfach viel zu lange gedauert. Großbritannien etwa diskutiert heute noch Gesetzentwürfe, die vor fünfzig Jahren entstanden und noch immer nicht umgesetzt wurden. Für den jungen Staat Pakistan hätte das möglicherweise in dieser instabilen Phase den Untergang bedeutet.

Bleiben wir noch einen Moment lang bei England: Das britische Empire - eine Diktatur - eroberte damals die halbe Welt und besaß riesige Kolonien. Nach Einführung der Demokratie ging es immer mehr bergab und diese Entwicklung gipfelte darin, dass Großbritannien durch den Brexit sogar noch den Anschluss an Europa verlor.

Ich möchte hier nicht darauf eingehen, ob die Kolonialzeit gut oder schlecht war oder ob das System der Demokratie gegenüber der Diktatur besser oder schlechter ist. Vielmehr möchte ich aufzeigen, dass das System, durch welches ein Staat geführt wird, von vielen Faktoren abhängt und eben das ideale System schlicht und einfach nicht existiert. Demzufolge ist es auch falsch, eines dieser Systeme vom Grundsatz her zu verteufeln.

Funktionierende Diktaturen erleben wir im täglichen Leben

Wir Europäer haben nach Hitler mit dem Begriff „Diktator“ natürlich ein ganz besonders Problem, keine Frage. Das Wort an sich jedoch ist ausgesprochen neutral. So werden beispielsweise Konzerne im Prinzip nach einem System geführt, das einer Diktatur ähnlich ist. Dabei steht der CEO allen voran und er trifft die Entscheidungen. Natürlich steht dahinter der Aufsichtsrat, der sein Veto einlegen und bei groben Fehlgriffen den Vorstandsvorsitzenden absetzen kann, doch im Tagesgeschäft trifft der CEO seine Entscheidung letztlich alleine und das muss auch so sein.

Stellen Sie sich mal vor, Daimler würde basisdemokratisch geführt werden. Jedes Mal, wenn eine neue Modellreihe entwickelt werden soll oder der Kauf eines Start-ups geplant ist, werden erst Abteilungsleiter - oder noch schlimmer: alle Mitarbeiter - dazu befragt. Neben dieser Art Volksbefragung finden natürlich alle paar Jahre Vorstandswahlen statt, bei der die Stimmen der Mitarbeiter das neue Führungsteam bestimmen. Was meinen Sie, wie lange wäre der Daimler-Konzern dann noch ein DAX-Unternehmen?

Selbst in der Familie funktioniert das demokratische System nicht uneingeschränkt. Angenommen Sie haben drei Kinder und es gilt zu beschließen, ob der Nachwuchs künftig sein Zimmer selbst aufräumen soll. Alle drei entscheiden sich dagegen und überstimmen damit die beiden Eltern. Toll, nicht wahr? Wie gehen Sie dann vor? Räumen sind dann die Socken Ihrer Kinder selber weg, nur weil die Mehrheit so entschieden hat?

Dieses Beispiel war ja noch harmlos. Angenommen es soll bestimmt werden, ob die lieben Kleinen künftig unbegrenzt auf Partys gehen dürfen, egal wohin, egal wie lange und egal mit wem. Würden Sie ihren drei Töchtern im Alter von 14 bis 16 Jahren diese „Mehrheitsentscheidung“ durchgehen lassen? Ganz sicher nicht, denn schließlich müssen Sie dafür sorgen, dass Ihre Kinder keine folgenschweren Fehler begehen.

Jede Familie benötigt sozusagen ein Oberhaupt, das sagt, wo es langgeht. Alles andere hätte dramatische Folgen. Dass alle miteinander reden, ist klar, aber die Entscheidung treffen kann immer nur einer: Mutter oder Vater.

Wie ich bereits schrieb, entspricht auch das System Commander and Chief vom Ansatz her einer Diktatur, selbst wenn man hierüber streiten könnte, wo die Grenzen dafür zu ziehen sind.

Was meinen Sie, würde das vereinte Europa deshalb einen Militärschlag gegen die USA mit ihrem quasi-diktatorischen System durchführen, weil dort weite Teile der schwarzen Bevölkerung nach wie vor mit Repressalien seitens der lokalen Polizei zu kämpfen haben oder weil in Guantanamo Bay Häftlinge vorsätzlich und natürlich rechtswidrig gefoltert werden? So wie es in Ländern wie Syrien oder im Irak passierte? Nur um das amerikanische Volk zu „befreien“? Selbstverständlich hinkt dieses Beispiel etwas, doch lassen wir diesen Gedanken einen Moment lang zu: Würden wir diesen Militärschlag billigen? Ganz sicher nicht.

Doch auch Donald Trump könnte einen Weltkrieg ohne Zustimmung des Kongresses starten, denn dafür müsste er nur seine Atomraketen auf den Weg schicken und niemand könnte ihn davon abhalten. Schließlich besitzt er seinen ganz persönlichen nuklearen Button und der ist - wie wir inzwischen wissen - much bigger als jener von Kim Jong-un.

Doch zumindest in der westlichen Welt verwendet so gut wie kein journalistisches Medium die Kombination der beiden Begriffe „Diktatur“ und „USA“, obwohl es im Prinzip zulässig wäre. Der Grund liegt darin, dass wir keine Kriegspropaganda gegen unsere Verbündeten durchführen und die Medien - mithilfe der Politik - das Wort „Diktator“ ganz bewusst demolierten, und zwar, um gezielt gegen Staaten vorgehen zu können, die den westlichen Wirtschaftsinteressen im Wege stehen. Was ich genau damit ausdrücken möchte, stelle ich im fünften Kapitel vor.

Was wir jetzt brauchen, ist Frieden

Der Friedensnobelpreisträger Desmond Tutu sagte: „Als die ersten Missionare nach Afrika kamen, besaßen sie die Bibel und wir das Land. Sie forderten uns auf, zu beten. Und wir schlossen die Augen. Als wir sie wieder öffneten, war die Lage genau umgekehrt: Wir hatten die Bibel und sie das Land.“[8]

In Anlehnung darauf sage ich wiederum: „Zuerst besaßen wir unsere Freiheit und sie hatten Facebook, Instagram und WhatsApp. Dann kamen sie zu uns, gaben uns das iPhone und sagten: „Schließ zwei Minuten lang die Augen.“ Wir taten es und als wir unsere Augen wieder öffneten, hatten wir Facebook und sie unsere Freiheit.“

Was ich damit ausdrücken möchte: Es stellt sich leider nur selten die Frage, auf welcher Seite das Recht steht, sondern es geht fast immer nur darum, wer es schafft, das Recht zu seinem Verbündeten zu machen. Das war im Falle des Abhörskandals mit der NSA ebenso wie in Afrika zur Zeit der Kolonisation oder wie bei den vielen Kriegen und Militärschlägen, die gegen Staaten wie Irak, Syrien, Ex-Jugoslawien und vielen anderen geführt wurden.

Wir müssen diesmal intelligenter vorgehen. Insbesondere Deutschland, das für den ersten und den Zweiten Weltkrieg verantwortlich war, muss jetzt genug Weitsicht besitzen, um unsere nächsten Generationen genau davor zu schützen. Davor, dass sich mächtige Länder das Recht zurechtbiegen, um ihren ganz persönlichen Interessen einen pseudomoralischen Mantel umzuhängen. Wir brauchen jetzt endlich Frieden auf dieser Welt und dazu muss jeder verstehen, dass es niemals darum gehen darf, ob eine Nation von einem Diktator geführt wird oder von einer Demokratie. Dass ein politisches System im Grunde völlig egal ist, denn es geht immer nur darum, dass die Absicht dahinter zählt.

Aus diesem Grund dürfen wir auch nicht zulassen, dass Nordkorea zu einem Spielball der USA verkommt und das nächste Opfer perfider Kriegspropaganda wird. Dieser Verantwortung muss sich die Europäische Gemeinschaft stellen und dabei muss Deutschland eine ganz besondere Rolle einnehmen.

Die Umkehrung von Opfer und Täter

Mit vagen Andeutungen und der Verwendung von Begriffen, die meist negative Implikationen hervorrufen wird sehr häufig jene Nation für einen bevorstehenden Krieg verantwortlich gemacht, die angegriffen werden soll. Im Falle des Irak führten die USA bereits einige Jahre lang Sanktionen durch, die sich in erster Linie gegen die Bevölkerung des Landes richteten, um dann schließlich zu behaupten, der Diktator Saddam Hussein betreibe Laboreinrichtungen, in denen er Giftgas herstellen ließe.

Natürlich „mussten" die USA - bzw. eine Allianz aus Streitkräften verschiedener Staaten, darunter auch Großbritannien - der irakischen Bevölkerung „helfen" und sie griffen das Land an. Ohne Genehmigung des UN-Sicherheitsrates, wie heute hinlänglich bekannt ist. Auch im Konflikt mit Nordkorea betonten die USA inzwischen mehrmals, sie wären für einen militärischen Schlag gegen Nordkorea bereit, um die eigene Bevölkerung oder gleich die ganze Welt zu beschützen. So drohte etwa die US-Botschafterin Nikki Haley: „Wenn die USA sich oder ihre Verbündeten in irgendeiner Weise verteidigen müssen, wird Nordkorea zerstört."

Die angebliche Angst der USA

Was ich bei den Vereinigten Staaten von Amerika nicht verstehe: Es handelt sich unumstritten um das mächtigste Land der Welt und trotzdem hat es Angst vor allem und jedem. Wie ein Dinosaurier, der sich vor der Maus fürchtet (hier spreche ich nicht das Bild des Elefanten und der Maus an, weil die USA weit mehr als ein Elefant sind. Sie sind aus meiner Sicht vergleichbar mit dieser gewaltigen Echse, dem Tyrannosaurus Rex, vor dem sich alle fürchteten). Wenn sie tatsächlich solche Angst vor Nordkorea haben, wie vertrauenswürdig sind die Vereinigten Staaten von Amerika dann noch?

Woher wissen wir, dass sie nicht auch vor anderen Staaten „Angst“ haben, sprich: Worauf müssen wir uns noch einstellen? Sollte es wirklich daran liegen, dass die USA „Angst“ vor einem militärischen Erstschlag Nordkoreas haben, dann lässt dieser Umstand tief blicken.

Doch glücklicherweise geht es hier um keine Ängste, denen sich Amerika ausgeliefert fühlt. Es geht um ganz andere Dinge. Themen, auf die ich im fünften Kapitel eingehen werde. Das, was bis etwa April 2018 von den USA durchgeführt wurde, war natürlich nichts als Kriegspropaganda. Es wurden Ängste vorgetäuscht, ein Versuch, eine Legitimation für einen Militärschlag gegen Nordkorea zu erhalten. Doch das hat glücklicherweise nicht geklappt, da die Vereinten Nationen klugerweise nicht einmal im Ansatz eine Bereitschaft dafür signalisierten.

Deswegen schwenkte Donald Trump auch um und bot sich plötzlich als Friedensengel an und stellte ein Gipfeltreffen mit Kim Jong-un in Aussicht. Doch wie können wir diesen plötzlichen Kurswandel des amerikanischen Präsidenten bewerten? Auch darüber schreibe ich im nächsten Kapitel.

Kritisches Lesen erwünscht

Eines erscheint angesichts der zerstörerischen Wirkung von Kriegspropaganda klar: Erstens kann eine Bevölkerung bei Medieninformationen normalerweise nur schwer zwischen eindeutigen Fakten und geschickt formulierten Behauptungen unterscheiden, die als Verschleierungstaktik fungieren.

Zweitens wäre es hochgradig naiv zu denken, dass die Regierungen dieser Welt ihre Wortwahl zugunsten einer besseren Verständlichkeit für die breite Bevölkerung verändern werden.

Drittens bin ich davon überzeugt, dass ein Zusammenhang zwischen der Meinung der Bevölkerung eines Landes und der daraus resultierenden Bereitschaft deren Regierung besteht, sich auf einen militärischen Konflikt mit einem anderen Staat einzulassen.

Daher muss - viertens - der Hebel bei den Medien, aber auch bei der Politik, angesetzt werden, um Kriegspropaganda den Kampf anzusagen. Für mich steht nämlich außer Zweifel, dass der Konflikt gegen Nordkorea sich niemals so verhärtet hätte, wenn die Medien objektiver und menschlicher berichtet hätten.

Was denken Sie, welche Wirkung erzeugt worden wäre, wenn eine international angesehene Zeitung wie beispielsweise die New York Times einen Artikel verfasst hätte, in dem sie dazu auffordert, Hilfsorganisationen zu unterstützen, die den Menschen in Nordkorea Kleidung, Nahrungsmittel und Medikamente bringen, da wir alle unseren Beitrag leisten sollten, Nordkorea in der Weltgemeinschaft vollständig zu integrieren?

Auf der anderen Seite, bei realobjektiver Betrachtung, müsste diese Zeitung auch darüber berichten, was tatsächlich beide Seiten unternahmen, um den Frieden zu sichern, aber auch, welche Menschenrechtsverletzungen beispielsweise auf beiden Seiten begangen wurden, wie die Länder mit anderen Nationen zusammenarbeiten, kurzum: eine objektive Berichterstattung, die beide Seiten darstellt.

Wie Medien funktionieren

Zunächst einmal muss jene Medienberichterstattung weitestgehend unterbunden werden, die lediglich Propagandazwecken dient.

Medien wie Fernsehen oder Tageszeitungen haben naturgemäß seit je her einen großen Anteil an der öffentlichen Meinungsbildung und hier verläuft die Grenze zwischen einer weitestgehend objektiven Meinungsbildung und einer gezielten Propaganda beinahe fließend. Journalisten und Redakteure agieren nun mal nicht weitestgehend unbeeinflusst und verfassen ihre Artikel, Berichte und Nachrichtentexte lediglich in seltenen Fällen auf einer Basis objektiver Berichterstattung.

Und genau hier befinden wir uns am kritischen Punkt: Manche Medien verzichten durchaus bewusst auf eine möglichst neutrale Veröffentlichung, weil sie in der breiten Öffentlichkeit eine ganz bestimmte Meinung - oder Haltung - erzeugen wollen. Die Motivation dafür ist relativ breit gestreut und spannt sich von einer politischen Orientierung zu einem entsprechenden Lager hin, über gezielten öffentlichen bzw. politischen Druck, dem manche Medien nachgeben, bis hin zur bewussten Stimmungsmache aus wirtschaftlichen Gesichtspunkten. Schließlich verkaufen sich Schreckensmeldungen - leider - immer noch am besten und das wissen die Medien ebenso gut wie Sie und ich.

Generell lässt sich feststellen, die westlichen Medien zeigen sich - welche Überraschung - stark von den USA geprägt. Natürlich lesen wir durchaus kritische Stimmen, doch im Allgemeinen erfährt der Leser in Mitteleuropa, dass die Vereinigten Staaten von Amerika so ziemlich alles dafür unternehmen, um den Weltfrieden herzustellen, zu überwachen oder zu verteidigen. Notfalls mit Waffengewalt, aber nur, wenn sämtliche andere Alternativen bereits ausgereizt wurden.

Kriegspropaganda am Beispiel Kosovokrieg

Nehmen wir an dieser Stelle mal das Beispiel des Kosovokrieges, kurz vor der Jahrtausendwende.

Im Kosovo zerstörten Militärstreitkräfte der NATO unter Führung der USA das Land, obwohl überhaupt keine UN-Resolution existierte, die diesen Militärschlag legitimierte. Es handelte sich also um ein völkerrechtswidriges Eingreifen. Diese entsprechende UN-Resolution fehlte natürlich aus gutem Grund, denn es bestand damals überhaupt keine Notwendigkeit dafür.

Das Hauptargument dieser alliierten Bündnisstaaten lag zwar darin, dass sie einen Genozid an der Bevölkerung verhindern wollten und deshalb unmittelbar eingreifen mussten, doch war das tatsächlich der Fall?[9]

Ich behaupte: Nein! Natürlich wurden in diesem Krieg Gräueltaten an der Bevölkerung begangen und dagegen musste man etwas tun, das steht außer Frage für mich, doch in diesem Fall ging es den USA darum, aktiv in das Kriegsgeschehen einzugreifen, wobei Amerika sicherlich sehr gut wusste, dass sie dafür niemals ein UN-Mandat erhalten würden. Also setzten sie Kriegspropaganda ein. Sie zeigten Bilder von verzweifelten Familien, die ihre Angehörigen verloren hatten in den TV-Nachrichten, Printmedien berichteten von Massenhinrichtungen durch serbische Soldaten und vielen weiteren Schreckenstaten. So wurde die Bevölkerung in Europa und in den USA auf einen Kriegseinsatz vorbereitet, der in dieser Form niemals hätte stattfinden dürfen.

Nämlich genau das machen Medien mit uns: Sie setzen ganz bestimmte Emotionen in unsere Köpfe. In diesem Falle das Bild von den USA als Retter der Zivilbevölkerung und als Friedenstaube.

Als diese Saat aufging, begannen die USA mit ihren Angriffen und pfiffen dabei vollkommen auf die Entscheidung der UN. Das ging natürlich nur mit einer Bevölkerung im Rücken, die: „Rettet die Menschen im Kosovo" rief und dabei völlig überzeugt war, dass der einzige Weg darin bestand, US-amerikanische Bomben auf das Land zu werfen.

War es tatsächlich der einzige Weg? Nein, denn genau für diese Fälle existieren die UN-Blauhelme, also Berufssoldaten, die sich schützend zwischen den Angreifern und den Angegriffenen stellen und erst dann aktiv in das Kriegsgeschehen eingreifen, wenn kein anderes Mittel zur Selbstverteidigung mehr zur Verfügung steht. Die Vereinten Nationen entwickelten diese Vorgehensweise nämlich genau aus diesem Grund: um ein anderes Land in angemessener Weise zu schützen.

Das war den USA jedoch reichlich egal, denn sie wollten die Gelegenheit nutzen, ein weiteres pro-russisches Land zu zerstören und auf diese Weise Russland einen empfindlichen Schlag zu versetzen. Darum ging es damals meiner Ansicht nach und um nichts anderes.

Übrigens lautete das Unwort des Jahres 1999 „Kollateralschaden“, weil mit diesem Begriff seitens der NATO die vielen zivilen Opfer des Kosovokrieges, die durch die Luftangriffe der USA und der NATO entstanden, verharmlost wurden.[10]

Russland und die Achse des Bösen

Russland hingegen wurde in der Vergangenheit, also noch vor etwa 30 Jahren (zur Zeit der UdSSR), gewissermaßen als die Achse des Bösen (Anmerkung: Der Begriff „Achse des Bösen“ (Axis of Evil) wurde 2002 von George W. Bush geprägt. Er bezeichnete damit Länder, die den Terrorismus unterstützen und nach Massenvernichtungswaffen streben. Dieser Begriff wurde in abgewandelte Form (Evil Empire) bereits zuvor von Ronald Reagan verwendet, der damit die Sowjetunion bezeichnete.[11] Dann gibt es noch den arabischen Raum mit dem Irak, Iran, Oman und weiteren Nationen sowie die Staaten Südostasiens wie beispielsweise Pakistan oder Afghanistan. Diese Regionen stellen die neue Achse des Bösen dar, vor allem, nach dem Zerfall der UdSSR - und damit verbunden - einer weitaus gemäßigteren Politik Russlands.

Der Grund für diese Wahrnehmung liegt „selbstverständlich“ bei den Terrororganisationen, die entweder aus diesen Ländern stammen oder von ihnen in irgendeiner Form unterstützt werden.

Interessanterweise zählt beispielsweise Saudi-Arabien in den meisten Berichterstattungen westlicher Medien nicht zu den bösartigen Achsenmächten in Arabien. Warum? Weil sie die Interessen des Westens - zurzeit noch - vertreten. Und das, obwohl Saudi-Arabien im Jemen mit westlichen Bomben viele Frauen, Männer und Kinder umbringt. Es geht um den Huthi-Konflikt, der seit 2004 andauert und unter dem insbesondere die Zivilbevölkerung im Jemen leidet. Hätte Saudi-Arabien vielleicht zehn Prozent seines Militärbudgets dafür investiert, um dieses Problem auf friedliche Weise zu lösen, gäbe es in dieser Region womöglich schon längst Frieden.

Hier prangere ich die Doppelmoral des Westens an. Wäre dieser Krieg nicht von einem westlichen Partner aus geführt worden, sondern beispielsweise vom Oman oder von Somalia, würde die ganze Angelegenheit vermutlich völlig anders aussehen.

Jetzt seien wir doch mal ehrlich, denn worum geht es hier wirklich? Natürlich existieren Terrororganisationen, die westliche Staaten bekämpfen und gegen diese Gruppierungen müssen wir vorgehen. Lassen wir an dieser Stelle dahingestellt, ob es sich dabei sogar um jene Geister handelt, die wir letztlich selbst gerufen haben oder ob diese hochaggressive Form des religiösen Fanatismus ohnehin entstanden wäre.

Doch gleichzeitig handelt es sich bei beinahe allen Staaten im Nahen Osten, die aktuell im Fokus der USA und deren Verbündeten stehen, um erdölreiche Länder. Diesen Interessengemeinschaften liegt es in erster Linie daran, die Pipelines zu kontrollieren und damit die Herrschaft über den Petrodollar[12] zu behalten. So bleibt Saudi-Arabien nur deswegen unangetastet, weil dieses Land zwar über immense Ölvorkommen verfügt, jedoch einen starken Einfluss auf die gesamte Region ausübt. Mit einem derart mächtigen Gegner legt sich niemand gerne an und aus diesem Grund kooperieren die Interessengemeinschaften lieber mit den arabischen Scheichen und konzentrieren sich stattdessen auf andere Staaten wie Iran, Irak oder Kuwait.

Aus westlicher Sicht, also in den US-amerikanischen und den meisten europäischen Medien zeigt sich somit weitestgehend folgendes Bild, das den Menschen eingetrichtert wird: Pakistan, Afghanistan, Syrien, Oman, Irak, Iran, Jemen und natürlich Nordkorea sind böse. Dazu kommen noch Russland, aktuell die Türkei und ein paar Staaten in Afrika und Mittelamerika hinzu. Bei China ist man sich da noch nicht so sicher, zumal dieses riesige Land über einen enormen Hunger nach westlicher Technologie verfügt. Diese Aussicht auf unzählige Milliarden an Dollars aus Wirtschaftsprojekten dämmt diese Furcht scheinbar auf ein erträgliches Maß ein.

Alles ganz nach dem Motto: „If you are not with us, you are against us“, also: „Wer nicht unser Freund ist, ist unser Feind.“

Hingegen zählen die USA, die meisten Staaten in Europa (mit Ausnahme der Türkei natürlich), Südkorea und ein paar Staaten in Südamerika zu den „guten“ Ländern. Dazu gehört auch irgendwie das bereits erwähnte Saudi-Arabien, das scheinbar durchaus seine Fäden im internationalen Terrorismus ziehen dürfte, aber so genau weiß das auch niemand und schließlich unterhalten viele westliche

Länder lukrative Wirtschaftsverbindungen zu diesem Staat. Somit schwemmt der Dollar-Strom etwaige Ängste und Bedenken in irgendeiner Form fort.

Das bedeutet also, dass aus westlicher Sicht die Front weitestgehend klar definiert wurde und dieser Sichtweise folgen die meisten Medien, aber auch die Politik und der Großteil der Bevölkerung.

Wir werden bereits von Jugend an indoktriniert

Dieses Bild von gut und böse beginnt bereits bei den Hollywoodfilmen. Erinnern Sie sich noch an das Boxer-Drama „Rocky“ mit Sylvester Stallone in der Hauptrolle? In Teil 4 musste der gute Rocky mal wieder seinen Weltmeistertitel verteidigen, und zwar ausgerechnet gegen den russischen Ausnahmeathleten Ivan Drago, gespielt von Dolph Lundgren.

Dieser Drago wurde im Film als eine bösartige Kampfmaschine dargestellt, die gleich zu Beginn Rockys besten Freund im Ring umbrachte. Der gute Amerikaner gegen den bösen Russen. Das wollen die Menschen sehen und gleichzeitig erzeugt es bei uns ein klar umrissenes Bild, das zufälligerweise den „guten“ Staaten dabei hilft, bei geplanten Militäraktionen gegen „böse“ Länder innerhalb der eigenen Bevölkerung viel leichter die entsprechende Unterstützung zu erhalten.

So dachten wir bereits als Kinder, so wurden wir als Kind indoktriniert: Die Amis sind gut und die Russen sind böse.

Welche Sichtweise haben nun die anderen Staaten, die „betroffenen" Länder? Beispielsweise Pakistan, mit knapp 200 Millionen Einwohnern immerhin das sechstgrößte Land der Welt?

Dort zeigt sich ein durchaus differentes Bild. In den pakistanischen Medien wird sehr wohl von der Ausbeute arabischer Länder gesprochen, und zwar durch Staaten wie die USA, Großbritannien oder Frankreich. Davon, dass der Krieg in Syrien durch den Westen initiiert wurde, weil sich dessen Präsident Assad für einen Bau der iranischen Öl-Pipeline durch sein Land aussprach und lieber mit Russland statt mit den USA zusammenarbeiten wollte.

Diese Medien berichten auch darüber, dass viele Terrororganisationen wie Al Kaida, Taliban oder der IS nur entstehen konnten, weil westliche Staaten wie die USA oder Großbritannien diese Gruppierungen zu Beginn im eigenen Interesse massiv unterstützten, ihnen Waffen gaben, ihre Kämpfer ausbildeten und vieles mehr, damit diese wiederum andere Feinde bekämpften. Feinde des Westens, wie etwa die UdSSR, die bekannterweise im Afghanistankrieg Ende der siebziger, Anfang der Achtzigerjahre des vorigen Jahrhunderts gegen die dortigen Rebellengruppen kämpften.

Kein Schwarz-weiß-Denken

Würden wir alle die dafür notwendige Zeit investieren, könnte sich ein jeder von uns eine fundierte Meinung darüber bilden, welches Verhalten (eines Landes, einer Gruppierung oder eines Staatsoberhauptes) als vertretbar betrachtet werden kann und welches nicht. Dann würden wir die Kultur, die Religion und sämtliche Einflussfaktoren erfassen, die zu einer Handlung oder einer Reaktion führten und wir könnten uns eine objektive Meinung dazu bilden.

Wenn wir dann beispielsweise von einem militärischen Zwischenfall in einem Land lesen, bei dem cin Terrorist an einer Straßensperre die Soldaten angriff, werden wir nicht sofort eine Erhöhung der Militärpräsenz, etwa durch NATO-Truppen, fordern. Weil wir in diesem Falle wissen, dass dieses Land von westlichen Staaten durch diverse Sanktionen so unter Druck gesetzt wurde, in deren Folge es schließlich von fremden Militärs kontrolliert wird, die sich teilweise wie die Axt im Walde verhalten. Wir könnten dann sämtliche Schreckensmeldungen differenzierter betrachten. Doch dies ist leider unmöglich. Wir können einfach nicht alle Sichtweisen kennen und berücksichtigen, denn dazu fehlt uns die Zeit und meist auch der Zugang zu den Informationsquellen.

Ich verurteile jegliche Form der Gewalt und damit auch jegliche Form von Terrorismus. Doch wir dürfen uns nicht in ein Schwarz-weiß-Denken pressen lassen, nur weil uns die Medien und die Politik genau diese Welt vorgaukeln wollen: ein klares Bild von Gut und Böse. Das jedoch schafft nur Konflikte und führt zu weiteren Kriegen. Schwarz-weiß-Denken halte ich für falsch!

Ich empfehle Ihnen, analysieren Sie in der Tiefe und begnügen Sie sich nicht mit der oberflächlichen Information, die uns viele Medien vorzusetzen versuchen. So wird ein jeder von uns zum aktiven Problemlöser in dieser Welt, denn nur dann können wir gewissermaßen aufstehen und sagen: „Diese Meldung glaube ich nicht." Auf diese Weise schaffen es jene Kräfte, die sich der Kriegspropaganda bedienen nicht mehr, ihr Spiel so ohne Weiteres durchzuziehen. Dann wird aus einer Achse des Bösen plötzlich ein sehr differenziertes Bild von aggressiven Kräften, aber auch von gemäßigten und von friedlichen Akteuren in einem Land. Und genau da sollten wir hinkommen: weg von pauschalen Verurteilungen hin zu einer differenzierten Betrachtung.

Ich möchte es sogar in einer anderen Weise ausdrücken: Wenn wir den Weltfrieden wollen, dann müssen wir alle auch etwas dazu beitragen und es beginnt mit dieser Haltung.

Wir müssen die richtigen Personen einsetzen, um Frieden zu sichern

Es existiert für alles eine Klarheit. Würden Sie in einem Flugzeug mitfliegen, das ich als Pilot lenke, obwohl ich zuvor noch nie in einem Cockpit saß, geschweige denn eine passende Ausbildung dazu absolviert habe? Nein.

Würden Sie zum Arzt gehen, der noch nie Medizin studiert hat? Nein.

Das bedeutet, auch wenn Sie die Politiker gewählt haben, die jetzt für uns Entscheidungen treffen: Wenn es um Frieden geht, sind sie die falschen Personen und höchstwahrscheinlich fühlen sie sich sogar mit dieser Aufgabe völlig überlastet.

Wenn ich in einer komplexen Situation Frieden schaffen möchte, brauche ich dafür einen Experten, der mir dabei hilft. Denken Sie an meine beiden Beispiele. Das bedeutet im Umkehrschluss, die Politik muss eng mit Friedensforschern zusammenarbeiten, um Frieden auf der Welt herbeizuführen. Menschen, die wirklich etwas davon verstehen. Und nicht etwa mit Militärs, wie es häufig der Fall ist.

Ein Soldat ist nicht der Experte für Frieden, er ist der Experte für Kriege, die vielleicht letztlich einen Konflikt beenden. Doch ein General weiß nicht, wie man Frieden schafft. Er weiß, wie man Kriege führt, die allenfalls am Ende des Tages zu Frieden führen.

Doch wir brauchen nicht nur die Friedensforscher, sondern auch die Historiker und nur gemeinsam lassen sich Lösungen erarbeiten. Die Hintergründe vieler Konflikte sind inzwischen so komplex geworden, dass ein Politiker niemals zu einer Lösung kommen kann. Er braucht dafür Experten an seiner Seite, die ihn bei der Lösungsfindung unterstützen. Denn dann erhalten diese Politiker ein fundiertes Gutachten, auf dessen Basis sie Entscheidungen treffen können. Jedoch ohne diese Gutachten andere Staaten zu bombardieren, ist schlicht und einfach falsch und für meine Begriffe sogar ein Verbrechen!

Liebe Politiker, hören Sie bitte damit auf, auf leichtfertige Weise Menschenleben auszulöschen. Und noch eine Bitte: Verdummen Sie das Volk nicht.

Bedenken Sie dabei, dass wir aus den Tageszeitungen und sämtlichen anderen Nachrichten immer nur einen Teil der gesamten Wahrheit erfahren. Immer nur ein winziger Ausschnitt eines riesigen Puzzles.

Speziell aus deutschen Tageszeitungen erfahren wir nur sehr wenige Informationen über Hintergründe zu einem bestimmten Sachverhalt, die wir jedoch meist für eine fundierte Meinungsbildung benötigen. Verschaffen Sie sich daher idealerweise ein umfassenderes Bild über viele verschiedene Medien aus unterschiedlichen Ländern. Über das Internet ist das heute kein Problem mehr.

Bedenken Sie bitte außerdem, dass Politiker häufig gemeinsam mit den Lobbyisten - wie beispielsweise aus der Waffenindustrie - interessenbedingt die Meinung der breiten Öffentlichkeit in eine bestimmte Richtung lenken. Also auch in diesem Fall empfehle ich Ihnen, Informationen aus anderen Quellen einzuholen, bevor Sie sich für eine bestimmte Meinung entscheiden.

Natürlich haben Wissenschaftler, Friedensforscher und Historiker nicht immer und in allen Punkten automatisch recht, doch sie vertreten zumindest eine Meinung und die ist normalerweise ausgezeichnet belegt. Darin liegt der Unterschied zu den meisten Politikern.

Fake News in den sozialen Medien

Das Problem sind nicht Fake News, die in sozialen Medien wie Facebook, YouTube und anderen Plattformen für Falschdarstellungen sorgen und von Privatpersonen veröffentlicht werden, denn dabei handelt es sich für gewöhnlich um ein lediglich kurzes Strohfeuer. Das Problem liegt eher bei Profis wie Politikern und Journalisten, die mittels Fake News ganz gezielt eine öffentliche Meinung über das Internet zu verbreiten versuchen. Die Fälle von Wahlbeeinflussung, wie sie durch das Datenanalyse-Unternehmen Cambridge Analytica im letzten US-Präsidentschaftswahlkampf stattfanden, sind inzwischen hinlänglich bekannt.

Aus meiner Sicht ist der Fall Cambridge Analytica, die gegen entsprechende Bezahlung die Daten von Facebook-Nutzern analysierten und diese anschließend mit jenen Informationen versorgten, die diese dazu bewog, Donald Trump zu wählen, nur die Spitze des Eisberges.

Heute befinden wir uns dank moderner Technologien in der Lage, gewaltige Datenmengen zu analysieren und entsprechenden Nutzen daraus zu ziehen. Diese Form von fragwürdiger Dienstleistung wird in den kommenden Jahren überhandnehmen, wenn nicht gesetzliche Rahmenbedingungen geschaffen werden, die genau das verhindern.

Gleichzeitig werden genau diese gesetzlichen Rahmenbedingungen höchstwahrscheinlich noch lange auf sich warten lassen, denn niemand hat ein Interesse daran, weder die Politik noch die meisten Journalisten und Lobbyisten aus der Industrie schon drei Mal nicht.

Daher müssen wir - wie ich bereits zuvor schon schrieb - achtsam bleiben, wenn wir Meinungen in den sozialen Medien lesen. Es liegt immer nur an uns, eine bestimmte öffentliche Meinung zu erschaffen und darin liegt auch die Verantwortung eines jeden einzelnen. Daher gilt: Speziell in den sozialen Medien sollten Berichte und Artikel nicht ungefragt übernommen werden.

Gleichzeitig ist diese Form der Desinformation natürlich nicht neu, befindet sich jedoch momentan auf dem besten Weg, sich zu einem globalen Problem zu entwickeln. Nicht zuletzt durch die immer stärker voranschreitende Digitalisierung fällt es heute leichter denn je, Falschnachrichten in einer hoch professionellen Form über das Internet einer extrem großen Personengruppe zugänglich zu machen.

Was muss geschehen?

Um auf die aktuelle Krise zwischen den USA und Nordkorea zurückzukommen, oder besser ausgedrückt: Damit ein weltweiter militärischer Konflikt, der sich gegen Nordkorea richtet, vermieden wird, muss sämtliche Kriegspropaganda in den Medien so gut wie möglich verhindert werden. Daher ist es an der Zeit, mit einer Gegenpropaganda zu beginnen, denn nur das kann die einzig sinnvolle Antwort auf Propaganda sein: Eine positive Gegendarstellung.

Ich möchte Ihnen an einem Beispiel beschreiben, was ich darunter verstehe: Wenn die Kriegspropaganda darin besteht, Nordkorea als die ultimative Achse des Bösen darzustellen, muss sich die Gegenpropaganda auf die positiven Aspekte dieses Landes fokussieren.

Verglichen mit dem Kampf, den jeder von uns bereits viele Male ausgetragen hat und der in uns stattfindet. Die eine Seite von uns stichelt uns an, etwas Falsches zu unternehmen, vielleicht dieses Handtuch im Hotel in den Koffer zu packen. Der andere Teil in uns ermahnt uns, es tunlichst zu unterlassen, denn es ist gegen die Regeln des Anstandes und übrigens auch ein klarer Verstoß gegen das Gesetz.

So lange die guten Zellen in uns siegreich bleiben, ist alles in Ordnung und letztlich bleibt auch unser seelischer Körper gesund (ja, ich bin davon überzeugt, dass sich unser Verhalten grundsätzlich auf unsere Gesundheit auswirkt). Ich halte es für wichtig, dass die guten Zellen stets siegreich bleiben und dabei ist es gleich, ob es sich dabei um die Zellen in unserem Körper handelt oder um die Stimmen eines Volkes.

Wenn in Deutschland 1 000 Personen lauthals: „Pegida rufen“ ist es völlig in Ordnung, solange im Gegenzug zumindest 100 000 Menschen „Nie wieder Pegida“ skandieren. Dann handelt es sich um ein lebendiges Volk, um einen gesunden Organismus, weil die Mehrheit für das Gute steht und genauso funktioniert es. Es werden immer Leute ihre Meinung verbreiten, aber das Gute muss die Oberhand behalten. Deswegen halte ich eine Gegenpropaganda FÜR Nordkorea für eine der wichtigsten Maßnahmen, die wir aktuell unternehmen können. Wenn also eine negative Berichterstattung über Nordkorea erfolgt, müssen 100 positive Berichte über dieses Land erfolgen. Sonst können wir nicht verhindern, dass eine Meinung entsteht, die einen Krieg gegen Nordkorea fordert und wir unweigerlich auf einen dritten Weltkrieg zusteuern.

Was machen wir mit den USA?

Nach der Wahl von Donald Trump zum US-Präsidenten wurde uns allen schnell klar, dass dieser Mann ein klares Bild von sich, seinem Umfeld und der restlichen Welt besitzt: Entweder, man ist absolut seiner Meinung oder man ist sein erklärter Gegner. Das bekamen schnell die US-amerikanischen Medien zu spüren, deren Vertreter von

Pressekonferenzen des US-Präsidenten ausgeladen wurden oder von Trump diese schlicht und einfach der Lüge bezichtigt wurden, Stichwort: Fake News.

Doch es spielt auch noch ein anderer Faktor eine Rolle, den man nicht außer Acht lassen sollte: Die USA verfügen bekannterweise über das größte Verteidigungsbudget der Welt und damit nicht genug, erhöhte Donald Trump diesen Etat Ende 2017 sogar noch, und zwar auf bereits erwähnte sagenhafte 700 Milliarden US-Dollar.[13]

Damit scheint auch klar zu sein, die Vereinigten Staaten wollen ihre ganzen Bomben, Waffen, Panzer, Kampfflugzeuge, Schiffe und die vielen exzellent ausgebildeten Soldaten auch einsetzen.

Nur, um mal einen Vergleich anzustellen: An zweiter Stelle bei den Militärausgaben lag im Jahr 2017 China mit 228 Milliarden Dollar, gefolgt von Saudi-Arabien mit knapp 70 Milliarden. Deutschland gab 2017 etwa 40 Milliarden Dollar für Investitionen im militärischen Bereich aus.[14] Kurzum: Amerikas Militärausgaben sind gigantisch!

Dieser gewaltige Etat von 700 Milliarden US-Dollar trägt gleichzeitig eine Krankheit in sich. Diese besteht darin, dass es auf der einen Seite vollkommen klar ist, dass sich ein Staat schützen muss und dafür benötigt er ein Militär, das natürlich Geld kostet.

Ein Etat von 30 bis vielleicht 60 Milliarden ist für ein großes Land wie Deutschland oder Frankreich vollkommen vertretbar. Ein solches Budget kann die Wirtschaft tragen und ist mit dem Bruttoinlandsprodukt realisierbar. Diese 700 Milliarden müssen jedoch die USA auch intern gewissermaßen „verkaufen". Donald Trump braucht einen Grund für dieses unglaubliche Budget, für die vielen Militärstützpunkte, die Flugzeugträger, die Kampfjets und die Bomben. Diese Lobby, die das alles produziert, beschäftigt tausende Mitarbeiter und erwartet logischerweise ein weiteres Wachstum in den kommenden Jahren, sprich: Die USA müssen - ja, sie müssen - ihre Waffen auch einsetzen. Die USA sind so gesehen gezwungen, Kriege zu führen und militärische Einsätze durchzuführen. Das ist bei einem Militäretat von 40 Milliarden Dollar nicht der Fall, bei 700 Milliarden müssen Kriege her, damit die heimische Industrie auch überleben kann.

Die USA werden ihre Militärmacht weiterhin einsetzen, um die gesamte Welt einzuschüchtern, und eine Sprache versteht Amerika seit je her auf exzellente Weise: Jene der Gewalt. Die einzige Chance aus meiner Sicht, um gegen die Aggression der USA zu bestehen, liegt in der Diplomatie. Sobald man auf die amerikanische Aggressionspolitik mit Gewalt reagiert, hat man als Staat verloren, denn diesen Weg beherrscht die amerikanische Regierung in exzellenter Weise, und das bereits seit vielen Jahrzehnten. So wie damals Indien gegen die britischen Besatzer gewann, muss man auch gegen die USA vorgehen, nämlich durch Gewaltlosigkeit. Mein Vorschlag für Staaten, die gegen die USA Frieden suchen, lautet: Um gegen die USA zu bestehen, darf man seinen Militäretat nicht erhöhen, sondern man muss ihn reduzieren!

Der Gewinner wird derjenige sein, der eine Gesellschaft aufbaut, die dafür sorgt, dass die Waffen der Amerikaner verrosten! Nur auf diese Weise lässt sich der Wahnsinn, den die USA mit ihren Militärausgaben betreiben, langfristig lösen.

Das gelingt uns jedoch nur dann, wenn wir der Kriegspropaganda keinen Nährboden geben und wenn insbesondere Europa alles dafür unternimmt, um ein Alternative zu den USA zu etablieren, nämlich in Form von weltweitem Frieden. Diese Entwicklung ist absolut möglich und in den kommenden beiden Kapiteln zeige ich Ihnen einen Weg dazu auf.

5 – Warum existiert dieser Konflikt wirklich?

Bei oberflächlicher Betrachtung scheint im Konflikt mit Nordkorea ja alles klar und eindeutig zu sein: Der nordkoreanische Machthaber Kim Jong-un verkündete Anfang 2017, erneute Atomtests durchzuführen. Diese Nachricht verursachte weltweit nicht unbedingt eine Welle der Begeisterung - um es gelinde auszudrücken - und insbesondere der frisch designierte Präsident der USA - Donald Trump - empfand diese Ankündigung scheinbar als persönlichen Affront.

Die USA reagierten also prompt und drohten Nordkorea relativ unvermittelt mit weitreichenden Reaktionen, von Sanktionen bis hin zu militärischen Präventivschlägen, natürlich nur zum Zwecke der Selbstverteidigung.

Dann ließ die nordkoreanische Führung mehrere Atomtests durchführen, worauf die Europäische Union diese verurteilte und Donald Trump Fire und Fury spukte, vermutlich vor Zorn und vor Angst vor einem nordkoreanischen Raketenregen, direkt auf sein Land.

Jetzt aber mal Spaß beiseite: Das Verhalten Nordkoreas - die Durchführung von Atomtests - war nicht in Ordnung und ist durchaus als Provokation zu betrachten, keine Frage. Doch weshalb reagierten insbesondere die USA so heftig darauf? Nämlich so heftig, dass plötzlich die Angst vor einem aus diesem Konflikt entstehenden weltweiten Konflikt so realistisch wurde, wie schon seit Jahrzehnten nicht mehr. Phasenweise stand es knapp vor einem dritten Weltkrieg, hätten sich nicht in erster Linie China und Russland so besonnen verhalten.

Für einen Außenstehenden, der sich mit der politischen Geschichte Nordkoreas bislang nicht auseinandersetzt hatte, musste es so gewirkt haben, als handelte es sich bei diesem Land um einen der kriegslüsternsten Staaten der Welt, der einen Krieg nach dem anderen führt und jetzt den finalen Schlag plante, indem er Atomsprengköpfe auf die Welt niederregnen ließe. Doch genau das ist ja nicht der Fall. Also, wovor haben die USA eine solche Angst? Vor einem Angriff Nordkoreas auf ihr Land? Ich denke, diesen Aspekt zieht wohl niemand ernsthaft in Betracht.

Worum geht es dann den Vereinigten Staaten von Amerika wirklich, wenn ihr Präsident droht, mit Fire und Fury Nordkorea - sinngemäß - in die Steinzeit zurück zu bomben, sollte Kim Jong-un auch nur ein einziges Mal mit der Wimper im falschen Takt zucken?

Was soll dieser Konflikt eigentlich?

Dazu muss man sich zunächst einmal überlegen, welche Gründe für einen militärischen Schlag seitens der USA sprechen. Die Kriegslust Nordkoreas fällt hier schon mal weg.

Historisch betrachtet kann man wohl eher von einer gewissen Affinität Amerikas zu kriegerischen Auseinandersetzungen sprechen.

Spekuliert man über das überzogen aggressive Verhalten Amerikas im Nordkorea-Konflikt, dann scheint ein gewisses System dahinter zu stecken. Vergleicht man es mit dem Verhalten gegenüber dem Irak, das 2003 schließlich zum völkerrechtswidrigen Irakkrieg führte, existieren hier durchaus Parallelen. Völkerrechtswidrig war dieser Krieg, weil es absolut keinen Grund für einen Militärschlag gab.

Damals wurden Waffeninspektoren bereits nach dem ersten Irakkrieg (1990 bis 1991) in Abständen immer wieder ins Land geschickt und stellten somit in einem Zeitraum von über 10 Jahren alles auf den Kopf, doch sie fanden nichts.[1] Trotzdem fand der Angriff statt, und zwar auf Basis von gefälschten Beweisen, wie wir bereits wissen.

Ganz ehrlich: Wenn Waffeninspektoren mehrere Jahre lang das gesamte Land durchkämmen, dann finden sie ja schon zwangsläufig alle Fabrikanlagen, in denen Massenvernichtungswaffen hergestellt werden. In dieser Zeit kann man sogar alle Mäuse in einem Land zählen, dann findet man erst recht derartige Anlagen. Beispielsweise nimmt eine Fabrik zur Herstellung von waffenfähigem Uran - der Irak soll angeblich versucht haben, Nuklearwaffen zu produzieren - eine Fläche von der Größe eines Dorfes ein und benötigt eine entsprechende Infrastruktur sowie einer gewaltigen Menge an Strom. So etwas versteckt man nicht so einfach im heimischen Kinderzimmer oder in einer Höhle in den Bergen.

Wenn man diese Anlagen nicht entdeckt, wenn man sich monatelang vor Ort befindet, dann hat man sich entweder nicht aus dem Hotelzimmer hinausbewegt oder diese Anlagen existierten schlicht und einfach nicht.

Bereits zuvor wurden bekannterweise Sanktionen verhängt, die sich in erster Linie gegen die irakische Bevölkerung richteten und unzählige Menschenleben kosteten - darüber schrieb ich bereits ausführlich - doch der Irak ließ sich nicht hinreißen, den USA einen Grund für einen Militärschlag zu liefern. Dann kamen die Waffeninspektoren und fanden - dummerweise, aus der Sicht der Vereinigten Staaten - auch nichts und plötzlich tauchten diese „Beweise“ auf, wonach Fabriken zur Herstellung von Chemie- und biologischen Waffen existierten und bereits kurz darauf wurde das Land angegriffen.

Eine Lüge, doch letztlich ging es darum überhaupt nicht mehr. Es ging darum, dass der Irak in die Ecke gedrängt werden sollte, bis es irgendeinen Grund gab, um mit dem Krieg beginnen zu können. Schließlich kam es ja dazu und der damalige Präsident George W. Bush konnte endlich seinen religiös motivierten Kreuzzug gegen die „Achse des Bösen“, wie er es nannte, beginnen. Vor allem, nachdem er sich - dank der Waffeninspektoren - absolut sicher sein konnte, dass sich in diesem Land nicht einmal ein Mückenspray befand, geschweige denn Nuklearsprengköpfe.

Warum schreibe ich im Falle von George W. Bush von einem „religiös motivierten Kreuzzug“? Weil er als christlicher Hardliner gilt und nach den Anschlägen am 11. September 2001 von „Kreuzzügen gegen das Böse“ sprach.[2]

Im Falle Nordkoreas erleben wir aktuell eine ähnliche Vorgehensweise, um Kim Jong-un in einen Krieg zu verwickeln. Mit dem Unterschied jedoch, dass dieses Land über Atomwaffen verfügt und hier ein Angriff um einen Hauch kniffliger ist. Ich behaupte: Nur aus diesem Grund haben wir bislang keinen Militärschlag seitens der USA gegen Nordkorea erlebt.

Aber jetzt mal ganz ehrlich: Das macht man nicht. So verhält sich kein Land, das zu den mächtigsten Staaten auf diesem Planeten zählt und eigentlich eine Vorbildrolle einnehmen sollte. Ein solches Verhalten ist absolut verwerflich und kann durch nichts gerechtfertigt werden. Der Irak wurde auf der Basis von Lügen in Schutt und Asche gelegt und jetzt soll Nordkorea drankommen? Nur weil die USA über ihr 700 Milliarden schweres Militärbudget verfügen und den ganzen Krempel raushauen möchte, bevor bei den vielen hübschen Bomben das Ablaufdatum überschritten wird und sie ansonsten vielleicht entsorgt werden müssen? Das darf man nicht und man sollte tunlichst die Finger davonlassen, ein anderes Land nur deswegen anzugreifen, weil man sein geliebtes Spielzeug jetzt endlich einsetzen muss.

Wir wissen ja alle, dass der Grund für den Angriff auf den Irak nicht primär wegen der versteckten Massenvernichtungswaffen und auch nicht wegen der gefährlichen Terroristen, die sich in diesem Land angeblich versteckten, durchgeführt wurde. Der Grund lag unter anderem in den Ölvorkommen, die sich unter irakischem Boden befinden. Ein zig Milliarden Dollar schweres Potenzial, dessen der Westen habhaft werden wollte. Aus meiner Sicht entstanden viele Kriege der USA aus kapitalistischen Beweggründen und der Irakkrieg ist nur ein Beispiel dafür. Es geht hier um US-Imperialismus, also um das Erlangen von wirtschaftlichen und politischen Einfluss in einem anderen Land, um die eigene Wirtschaft weiter voranzutreiben und weniger um den Schutz eines weltweiten Friedens. Wie ich zu dieser Annahme komme, erläutere ich noch im Laufe dieses Kapitels.

Wenn wir vom Kapitalismus reden, dann sollten wir uns auch dessen Gegenstück widmen, nämlich dem Kommunismus.

Kapitalismus und Kommunismus als Ursache des Konfliktes

Kapitalismus und Kommunismus sind gegensätzliche Systeme, die jeweils ihre Vor- und Nachteile haben.

In den meisten Ländern gewann der Kapitalismus die Oberhand und vermutlich liegt es daran, dass er einfach der menschlichen Natur näher ist. Damit möchte ich ausdrücken, die meisten Menschen streben nach Individualismus, Humanismus und nach Besitztum.

Alle drei Punkte lassen sich mit dem kommunistischen Grundgedanken nur sehr schwer vereinbaren. Schließlich möchte der Leiter einer Fabrik normalerweise nicht vollkommen gleich gestellt mit seinen Arbeitern betrachtet werden, doch genau davon geht der Kommunismus aus.

Auch möchten viele Menschen, die mehr besitzen als andere, etwas von ihrem Vermögen abgeben, um den Schwächeren zu helfen, und auch das lässt der Kommunismus nicht zu.

Wir sind also alle verschieden und es wirken unterschiedliche Kräfte in uns. Es liegt in uns, uns zu beweisen, uns durchzusetzen und etwas erreichen zu wollen. Das alles passt weitgehend nicht mit dem Kommunismus zusammen, lässt man an dieser Stelle das Leistungsdenken kommunistischer Sportverbände außen vor. Im Kommunismus geht es also weniger um die Verhinderung von Wettbewerb, als um die Angleichung der Startchancen, um gerechte Wettbewerbsbedingungen.

Warum schreibe ich, der Kapitalismus liegt in der Natur der Menschen? Aus meiner Sicht müssen wir uns alle bereits am Tag unserer Zeugung beweisen, müssen uns gegenüber unzähligen anderen Samenzellen durchsetzen. Das mag jetzt nicht als Erklärung dafür dienen, weshalb so viele von uns nach Macht, Reichtum und Besitztum streben, doch es zeigt sehr wohl, dass der Wettbewerb bereits in unserer DNA verankert ist. Sicherlich ist dieses Beispiel wissenschaftlich nicht haltbar, doch es soll mehr eine Metapher dafür darstellen, weshalb sich die Masse der Menschen auf diesem Planeten mehr zum Kapitalismus hingezogen fühlt als zum Kommunismus.

Insbesondere die USA bekämpfen seit vielen Jahrzehnten den Kommunismus mit hoher Intensität und daraus machen sie auch keinen Hehl. Hier gilt es, zwei Fliegen mit einer Klappe zu schlagen: Jede Nation, die dem Kommunismus sozusagen „entrissen" wird, öffnet sich automatisch der freien Marktwirtschaft und wird dadurch zu einem interessanten Handelspartner der USA. Schließlich können dort endlich Firmen wie Exxon, BP, Shell usw. Niederlassungen eröffnen und es können Fabriken gebaut werden, sehr zur Freude der Aktionäre, wenn das Unternehmen noch mehr Gewinne erwirtschaftet.

So sind alle glücklich und froh aus kapitalistischer Sicht, denn auf diese Weise wachsen die Unternehmen und deren Erträge steigen.

Wenn wir nun wieder einen Schritt zurückgehen und uns überlegen, weshalb die USA so häufig Kriege führen, zeigen sich die Militärschläge in Vietnam oder auf dem Gebiet von Ex-Jugoslawien in einem völlig neuen Licht.

Warum beteiligen sich die USA am Syrienkrieg? Neben dem wirtschaftlichen Gesichtspunkt - der Bau einer Ölpipeline, wie ich im dritten Kapitel bereits beschrieb - gilt es auch hier, Präsident Assad zu stürzen, weil dieser eine traditionell enge Beziehung zu Putin pflegt. Russland muss geschwächt werden und das gelingt am besten, indem es einen Bündnispartner nach dem anderen verliert. Darin lag der Hauptgrund für die USA, in den Vietnamkrieg einzutreten, sich militärisch in Ex-Jugoslawien einzubringen und jetzt Syrien am liebsten den Erdboden gleichmachen zu wollen.

Unter diesen Gesichtspunkten bekommt der Konflikt mit Nordkorea eine völlig andere Dimension.

Was können wir von Nordkorea erwarten?

Der US-Imperialismus und der Neo-Kapitalismus zusammen sind eine Ideologie, die überall auf der Welt ihren Platz finden muss - aus amerikanischer Sicht selbstredend. Auch viele Staaten in Europa handelten vor einigen Jahrhunderten noch nach einem ähnlichen Prinzip, als diese in die Welt hinausfuhren und Kolonien gründeten. In Afrika, Indien, Indonesien, Südamerika usw. Damit möchte ich ausdrücken, dass es sich dabei natürlich um kein rein US-amerikanisches Phänomen handelt.

Doch scheinbar haben wir aus unserer eigenen Geschichte weder gelernt, dass ein derartiges Wachstumsbestreben niemals mittels Gewalt durchgeführt werden darf, noch konnte das junge Amerika Sinnvolles aus der europäischen Historie mitnehmen. Leider.

Wovon wir jedoch mit hoher Sicherheit ausgehen können: Neo-Kapitalismus hin oder her, Kim Jong-un wird diesem Thema nur wenig abgewinnen können. Ich bin davon überzeugt, dass wir aus Nordkorea kein zweites Disneyland machen können. Ich denke zwar, der nordkoreanische Machthaber würde sich gegenüber gewissen wirtschaftsstrategischen Partnerschaften durchaus interessiert zeigen, er würde vermutlich auch die eine oder andere Fabrik in seinem Land errichten lassen, sich aber niemals dem Kapitalismus nach amerikanischen Prinzip hingeben.

Eine freie Marktwirtschaft wird es in Nordkorea so schnell nicht geben und warum sollte er sie auch zulassen? Das können wir vorerst komplett vergessen. So wie ich seine Politik einschätze, verfolgt er andere Visionen als jene von Trump, Merkel oder Macron, egal, wie wir es jetzt drehen und wenden wollen.

Das können und dürfen wir auch nicht mit Gewalt zu ändern versuchen, selbst wenn einem Land wie den USA ein Militärbudget von 700 Milliarden Dollar zur Verfügung steht.

Und ganz ehrlich: Auch wir - die westliche Welt - werden von den etwa 25 Millionen Nordkoreanern wirtschaftlich nicht wirklich profitieren. Für beide Seiten entsteht also kein Nutzen, wenn wir das Land zum Neo-Kapitalismus zwingen, außer natürlich von dem einen Prozent der Superreichen auf dieser Welt.[3] Der einzige Vorteil - wenn man davon überhaupt sprechen darf - besteht also darin, Russland zu schwächen, indem es einen weiteren Bündnispartner verliert.

Und dafür einen Krieg riskieren? Oder besser ausgedrückt: Wieder einen Krieg riskieren? Und das gegen ein Land, das seit etwa sechzig Jahren keinen Krieg mehr geführt hat?

Nehmen wir einen Moment lang an, dass die USA diesen Konflikt mit Nordkorea tatsächlich primär wegen dessen Atomwaffenprogramm auf die Spitze trieben. Was ist dann mit anderen Atommächten? Was ist mit Frankreich oder Indien? Warum gehen die USA nicht mit gleicher Leidenschaft gegen diese Länder vor, wo doch von dort eine viel höhere Gefahr drohen könnte, mit einem verheerenden Atomkrieg die Welt in Schutt und Asche zu legen? Alleine durch die weitaus größere Zahl an Nuklearsprengköpfen, die diese Staaten besitzen. Oder hat der US-Imperialismus sogar vor, mit Nordkorea einen Präzedenzfall aufzubauen, um danach vielleicht Frankreich anzugreifen und alle anderen Länder mit nuklearen Sprengköpfen im Anschluss anzugreifen? Dieser Gedanke sollte nur einen Scherz am Rande darstellen. Das hoffe ich zumindest, dass es ein solcher bleibt.

Lieber Mister Trump: Was planen Sie tatsächlich mit Ihrer Kriegshetze gegen Nordkorea? Ihnen ging es niemals um den Schutz der eigenen Bevölkerung, denn diese befand sich niemals und befindet sich auch aktuell nicht in Gefahr. Verkaufen Sie die restliche Welt bitte nicht für dumm. Worum geht es Ihnen im Nordkorea-Konflikt tatsächlich?

Eine Machtdemonstration? Eine Rechtfertigung für Ihr gewaltiges Militärbudget? Geht es Ihnen um die Erweiterung des US-Imperialismus, wie es bereits beim Irak und vielen anderen Ländern der Fall war? Geht es Ihnen vielleicht um Erdölvorkommen oder um andere Rohstoffe, die dort entdeckt wurden und von denen bislang noch niemand etwas weiß? Oder wollen Sie unbedingt den Friedensnobelpreis gewinnen, wie ihr Vorgänger Barack Obama?

Worum geht es Ihnen wirklich, Mister Trump?

Und was soll diese plötzliche Kursänderung seit April 2018? Wenn man den gesamten Verlauf dieses Konflikts betrachtet, dann nehme ich Ihnen diese vermeintlich redlichen Absichten zur Sicherung des Weltfriedens nicht ab. „America First“, lautet Ihre Devise, Mister Trump, und diese zeigen Sie in so ziemlich jeder Ihrer Handlungen.

Sei es mit der Grenze zu Mexiko, mit dem Ausstieg aus dem Pariser Klimaabkommen, mit dem angedrohten Handelsstreit mit Europa, den Strafzöllen gegen China, dem neuen Kalten Krieg mit Russland und Ihrem plötzlichen Ausstieg aus dem Atomabkommen mit dem Iran.

Übrigens Mister Präsident: Sie sind kein vertrauensvoller Partner mehr, denn wenn man ständig Vereinbarungen bricht - vor allem ausschließlich um des eigenen Vorteils willen - dann wird man zu einem unkalkulierbaren Akteur. Und das ist innerhalb einer Weltgemeinschaft nicht gut.

Also, warum sollte Sie gerade bei Nordkorea auf eine Beilegung des Konfliktes hinarbeiten? Weil sich ansonsten Ihre Bevölkerung in Gefahr befindet? Das nehme ich Ihnen nicht ab, das schrieb ich bereits. Oder handelt es sich dabei sogar um eine perfide Taktik? Planen Sie etwa, sich mit Kim Jong-un zu treffen, um ihm ein Angebot zu unterbreiten, das er niemals annehmen kann, möchte er nicht völlig sein Gesicht verlieren? Beispielsweise, indem Sie fordern, er solle sein Atomwaffenarsenal vernichten, eine Forderung, die er niemals erfüllen darf, wenn sein Land nicht wie Libyen oder wie der Irak enden soll. Möchten Sie ihm ein vollkommen inakzeptables Angebot unterbreiten, damit Sie danach jegliche Friedensbemühungen für gescheitert erklären können? Damit Sie anschließend weitere Sanktionen aussprechen können, um schließlich endlich einen Militärschlag gegen Nordkorea zu befehlen?

Einen Krieg, den Sie unter Umständen bitter nötig haben, um den Hintermännern des US-Imperialismus zu zeigen, dass Sie doch als starker Oberbefehlshaber agieren können, der es nach über einem Jahr Amtszeit endlich schafft, einen Krieg anzuzetteln und damit die Gewinne der US-Waffenlobby in die Höhe zu treiben.

Natürlich handelt es sich dabei um reine Spekulation, doch ich denke, in einer Sache sind sich alle einig: Donald Trump ist so ziemlich das Gegenteil eines rettenden Engels, der sich einsetzt, um diesen Planeten zu einem besseren Platz zu machen, selbst wenn die USA daraus keinen direkten Vorteil erzielen. Donald Trump mag vieles sein, doch sicherlich nicht das.

Ich denke, die einzige Gefahr, die das amerikanische Volk tatsächlich fürchtet, liegt in der Tatsache, dass Nordkorea in der Lage ist, Atombomben zu produzieren und dadurch als ein weiteres kommunistisches Land diese Macht besitzt. Dass der Kommunismus durch die neue Atommacht Nordkorea eine gewisse Renaissance erlebt und ein so kleines Land wie Nordkorea am Ende dem großen Dinosaurier die Stirn bietet.

Denn darin besteht der große Unterschied zu allen anderen Atommächten mit Ausnahme Russlands und Chinas: Nordkorea ist ein kommunistisches Land.

Ein Volk, das in der Lage ist, Atombomben zu produzieren, kann nicht so einfach unter Kontrolle gehalten werden. Es handelt sich dabei nicht um einen Staat wie den Irak, der nach Jahren menschenverachtender Sanktionen am Boden lag. Nordkorea lässt sich nicht nach Belieben vor sich hertreiben, das hatte Kim Jong-un inzwischen bewiesen und wir alle haben es verstanden.

Die Gefahr für Donald Trump besteht somit in einem Machtverlust, der sich gleichzeitig in einer gewissen Stärkung des von den Vereinigten Staaten seit Generationen so verhassten Kommunismus ausdrückt. Der Hass gegenüber dem Kommunismus sitzt tief im amerikanischen Volk und das Letzte, das Trump gebrauchen kann, ist, als jener US-Präsident in die Geschichtsbücher einzugehen, bei dem der Kommunismus zu neuer Blüte heranwuchs. Dieser Gefahr ist er sich absolut bewusst und momentan befindet er sich in einer kniffligen Lage: Putin, sein großer Gegenspieler auf der politischen Weltbühne, scheint ihm ein übermächtiger Gegner zu sein, da er souverän agiert, mit Weitsicht handelt, rhetorisch brillant ist, seinen Weg unbeirrt zu gehen scheint. Mit Putin legt man sich nicht direkt an, das versteht mittlerweile sogar ein Donald Trump. Damit sein Ansehen als mächtigster Staatenlenker der Welt nicht noch mehr bröckelt, muss er sich natürlich dem kommunistischen Emporkömmling entgegenstellen, nämlich Nordkorea.

Wie groß ist nun die Gefahr, die von der Atommacht Nordkorea ausgeht?

Aus den vorigen Kapiteln wissen wir bereits, Nordkorea ist kein Kriegstreiber.

Tatsache ist jedoch auch, Kim Jong-un besitzt nukleare Sprengköpfe. Offiziellen Schätzungen zufolge handelt es sich dabei um etwa ein Dutzend Stück. Anfang 2018 ging zwar ein US-Wissenschaftler mit einer Schätzung von 30 bis 60 nordkoreanischen Atombomben aus, doch dies konnte bislang nicht bestätigt werden.[4]

Warum sollte auch der nordkoreanische Machthaber Kim Jong-un eher bereit sein, mit einer Atombombe einen Krieg auszulösen, als der Commander and Chief Donald Trump? Weil es sich bei Trump um einen besonnenen Humanisten handelt? Ich bitte Sie!

Wenn wir ehrlich sind, müssen wir zugeben, dass die Gefahr eines Atomschlages, ausgelöst durch Nordkorea, weitaus geringer ist, als ein Angriff der USA auf ein anderes Land mittels Atomsprengköpfen. Eben weil die USA diesbezüglich bereits vorbelastet sind und zusätzlich, weil sie seit Ende des Koreakrieges 1953 mehr als 45 Militäroperationen durchführten.[5] Oder was meinen Sie? Nach Berücksichtigung aller uns zur Verfügung stehenden Informationen?

Ich denke, der Konflikt mit den USA hat Kim Jong-un zumindest wachgerüttelt und demnach hat diese lautstarke Auseinandersetzung zwischen den beiden Hitzköpfen Donald und Kim auch ihre gute Seite. Nordkorea wurde dadurch wahrscheinlich erst so richtig bewusst, dass deren Verhalten nicht ohne Folgen bleibt. Dass nicht nur die USA, sondern auch andere Staaten wie beispielsweise jene innerhalb der EU sowie die Vereinten Nationen durchaus rigoros darauf reagieren können. Dieser Konflikt sorgte sozusagen für eine Kalibrierung hin zu einem gemeinschaftlichen Umdenken auf der Seite Nordkoreas.

Jedoch sollten wir deswegen bitte nicht gleich Donald Trump den nächsten Friedensnobelpreis verleihen. Eine Auszeichnung, die er mit Nachdruck anstrebt. Zumindest gewinnt man diesen Eindruck, nachdem sich Trump bis Anfang Mai 2018 - kurz vor Ablauf der Nominierungsfrist - in geschickter Weise immer wieder diesbezüglich ins Gespräch brachte.

Vielleicht ist ihm diese Auszeichnung deshalb so wichtig, weil sein mächtiger Vorgänger Barack Obama im Jahre 2009 ebenfalls den Friedensnobelpreis erhielt. Damit wurde sein Beitrag zur Stärkung der internationalen Diplomatie gewürdigt, wie die Begründung aus Oslo damals lautete. Derart motiviert ließ dieser dann während seiner Amtszeit etwa 26.000 Bomben auf sieben Länder abwerfen[6] und er gilt als einer der aktivsten US-Präsidenten, in Bezug auf Militärschläge auf ausländische Ziele.

Mister President: Denken Sie wirklich, die plötzlich eingeleiteten - angeblichen - Friedensbemühungen mit Nordkorea genügen, um diese Auszeichnung zu erhalten?

Ganz ehrlich: Ich hoffe es nicht, denn dann würde der Nobelpreis sein Ansehen in der Welt vollkommen verlieren. Wenn Sie tatsächlich den Friedensnobelpreis erhalten wollen, dann möchte ich Ihnen zwei Empfehlungen geben.

1. Sie müssen beginnen, ein Mindestmaß an Empathie und Mitgefühl zu den Menschen aufzubauen.

2. Sie müssen Nordkorea die Angst vor Ihrem Land nehmen und das wird nicht funktionieren, indem Sie ihnen die einzige Waffe wegnehmen wollen, die Nordkorea besitzt, um sich gegen den US-Imperialismus zu verteidigen.

Wenn Sie hingegen Nordkorea dabei unterstützen, auf wirtschaftliche und humanistische Weise zu einem Partner der Weltgemeinschaft zu werden, dann werden Sie auch dafür Sorge tragen, dass kein Krieg ausbricht, der mindestens 15 Millionen tote Nordkoreaner, 10 Millionen tote Chinesen, 5 Millionen tote Amerikaner und unzählige Todesopfer überall auf der Welt bedeutet, die Spätfolgen durch nukleare Verwüstung noch nicht eingerechnet. Dann haben Sie den Friedensnobelpreis mehr als verdient!

Übrigens ging Barack Obama in dieser Angelegenheit weitaus klüger vor: Erst nachdem er den Nobelpreis erhalten hatte, überschüttete er die Welt mit Bomben, vorher zeigte er sich sogar überaus friedfertig. Donald Trump agierte gleich zu Beginn seiner Amtszeit wie die sprichwörtliche Axt im Walde und das wird ihm bei der Nobelpreisverleihung vermutlich im Wege stehen. Hätte Donald Trump von seinem Vorgänger gelernt, wäre ihm die Auszeichnung dieses Jahr sicher gewesen.

Doch kommen wir wieder auf Nordkorea und die mögliche Gefahr, die von diesem Land ausgeht, zurück: Wenn man alle Punkte in die Waagschale legt, kommt man letztlich zwangsläufig zum Schluss, dass von diesem asiatischen Staat keine aktive Gefahr zu erwarten ist, doch sein Verhalten war bislang unberechenbar. Nordkorea kann uns allen vermutlich nur dann gefährlich werden, wenn es den Weg des politischen Einzelgängers fortsetzt und dabei vielleicht einmal einen Atomtest zu viel durchführt und sich eine atomare Verseuchung auf die gesamte Region ausbreitet. Da existieren vergleichsweise ganz andere Staaten, die ein weitaus höheres Risiko für den Weltfrieden darstellen.

Der Atomwaffensperrvertrag (Non-Proliferation Treaty oder NPT)

An dieser Stelle stellt sich sicherlich die Frage, wie es überhaupt so weit kommen konnte, dass zumindest offiziell neun Staaten über Atomwaffen verfügen. Offiziell deswegen, da auch der Iran und Burma (Myanmar) bereits seit längerer Zeit unter Verdacht stehen, ein geheimes Atomwaffenprogramm zu betreiben, doch bewiesen werden konnte es bisher nicht. Auch die Staaten Syrien und Libyen dürften in der Vergangenheit derartige Programme angestrengt haben, doch wurden in beiden Fällen die jeweiligen Anlagen zerstört. 2007 legte die israelische Luftwaffe die syrische Anlage in Schutt und Asche und 2003 wurde eine große Schiffsladung vor der libyschen Küste von US-Geheimdiensten abgefangen. Kurze Zeit später stimmte Libyen im Zuge der Verhandlungen mit den USA und Großbritannien, der Eliminierung sämtlichen nuklearen Materials, des dazugehörigen Equipments und sämtlicher Programme für den Bau von ABC-Waffen und ballistischer Raketen zu und erklärte offiziell, gegen den Atomwaffensperrvertrag verstoßen zu haben.[7]

Nach den verheerenden Abwürfen der Atombomben auf Hiroshima und Nagasaki müsste allen Staaten klar gewesen sein, welch schreckliches Potenzial in diesen Waffen steckt und das sollte eigentlich abschreckend genug sein, um für alle Zeiten die Finger von Atomwaffen zu lassen. Trotzdem strengten die meisten der heutigen Atommächte bereits in den 1960er Jahren Forschungen auf diesem Gebiet an. Der Grund für diese Aufrüstung liegt natürlich in einem militärischen Gleichgewicht, ganz nach dem Motto: „Wenn du mich versuchst zu schlagen, dann kann ich zumindest in ähnlich brutaler Form zurückschlagen, also wage es nicht einmal.“

Damit dieser Aufrüstungswettbewerb keine uferlosen Auswüchse annimmt und nicht doch ein potenziell „gefährliches“ Land plötzlich zur Atommacht aufsteigt, einen Krieg beginnt und unseren Planeten letztlich in tausend Stücke sprengt, trat 1970 der Atomwaffensperrvertrag in Kraft.

In diesem Vertrag verpflichten sich mit der Unterzeichnung Staaten, die über keine Atomwaffen verfügen, künftig keine Kernwaffen zu erwerben oder zu entwickeln, und gleichzeitig erklären sich alle Atommächte dazu bereit, ihr Atomwaffenarsenal unter wirksamer internationaler Kontrolle allgemein und vollständig abzurüsten.

Mit Stand 2015 waren diesem Vertrag 191 Staaten beigetreten. Nordkorea hat dem Atomwaffensperrvertrag 1985 zugestimmt, trat aber im Jahre 2003 wieder davon zurück.

Auch wenn diese Entscheidung damals auf große internationale Kritik stieß, wird sie aus meiner Sicht absolut verständlich, wenn man die Entwicklung Libyens betrachtet, nachdem es sein Atomwaffenprogramm eingestellt hat. Letztlich war Libyen den USA und deren Verbündeten schutzlos ausgeliefert und wurde schließlich 2011 angegriffen, mit dem - natürlich nicht offiziell kommunizierten - Ziel, Machthaber Gaddafi zu stürzen.

Ich bin mir sicher, Nordkorea ahnte damals bereits die Gefahr, die dem Land drohte, würde es über keine Atomwaffen als Gegengewicht verfügen und stieg deshalb aus dem Atomwaffensperrvertrag aus.

Und wenn wir jetzt den Vertragsbruch der USA durch deren plötzlichen Austritt aus dem Atomabkommen mit dem Iran in diese Überlegungen mit einbeziehen, wäre es vollkommen absurd anzunehmen, dass Nordkorea einer Lebensversicherung in Form eines eigenen Atomwaffenprogramms freiwillig entsagen würde.

Eine Notiz am Rande: Die Länder Indien, Pakistan und Israel zählen zu jenen Staaten, die diesen Vertrag bislang nicht unterzeichneten.

In diesem Vertrag gab es zwei weitere Punkte, und zwar den Abbau der gewaltigen Atomwaffenarsenale von Russland und den USA und in Folge eine weltweite atomare Abrüstung. Dazu wurde im Jahre 2000 in New York die vollständige atomare Abrüstung in 13 Schritten beschlossen. Jedoch scheiterte 2005 die Überprüfungskonferenz durch die Blockadehaltung der USA und somit existiert bis heute kein Ergebnis über die Entwicklung der weltweiten atomaren Abrüstung. Danach folgten in späteren Jahren weitere Konferenzen, doch fielen die Ergebnisse stets mager aus.[8]

So gesehen existiert zwar eine Übereinkunft zur atomaren Abrüstung, nur setzt kein Staat diese in ernsthafter Absicht um.

Im Gegenteil: Durch den neu aufgeflammten Kalten Krieg zwischen Russland und den USA - besser ausgedrückt: den westlichen Staaten - erleben wir momentan eher eine atomare Aufrüstung, das Blatt hat sich also sozusagen gewendet. So lange dies der Fall ist und so lange insbesondere Russland und die USA über ein riesiges Atomwaffenarsenal verfügen, wird kein anderer Staat seine Anzahl an Atomwaffen reduzieren.

Dadurch herrscht zurzeit eine Patt-Situation. Auf gewisse Weise verständlich, da die Ereignisse aus der jüngeren Vergangenheit zeigen, dass die beiden Atom-Großmächte durchaus unberechenbar sind bezüglich ihres militärischen

Engagements. Länder wie die Ukraine oder der Irak können davon ein Lied singen. Und wie es ausgeht, wenn ein technologisch fortschrittlicheres Land ein Volk zu erobern versucht, das nur mit Pfeilen und Speeren ausgerüstet ist, kennen wir aus der Zeit der Kolonialisierung zur Genüge. Diese Erfahrung durften insbesondere der afrikanische Kontinent, aber auch viele südamerikanische Staaten und ebenfalls die US-amerikanischen Ureinwohner machen.

Egal, wie wir es drehen und wenden: Der Atomwaffensperrvertrag hat seine Gültigkeit verloren, denn so gut wie niemand hält sich daran, vor allem die Atom-Großmächte USA und Russland nicht, und alle wissen es! Alle 191 Staaten sind sich vollkommen im Klaren darüber, dass dieser Vertrag inzwischen nicht mehr das Papier wert ist, auf dem er verfasst wurde. Das könnte zu einer ganz gefährlichen Entwicklung führen, wenn wir - die Weltgemeinschaft - den Weg der Diplomatie verlassen. Doch genau das passiert momentan, nämlich insbesondere durch die vielen Alleingänge des Commander and Chief Donald Trump.

Was bedeutet das für den Nordkorea-Konflikt?

Der riesige Dinosaurier USA besitzt einen gewaltigen Hunger. Er muss ständig fressen. Nordkorea wiederum ist ein kleiner Happen, und wenn Kim nicht aufpasst, wird er gefressen werden. Die einzige Chance zu überleben sind die Giftstacheln, die dieses Land besitzt.

Ich sage, wir haben zwei Weltkriege hinter uns, wir brauchen keinen dritten globalen Krieg. Wenn die EU in dieser Sache nicht handelt, dann gebe ich Ihnen Brief und Siegel, dass unsere Kinder zwangsverpflichtet werden, um als Soldaten in diesen Krieg zu ziehen, damit sie die Welt retten. Wenn wir das verhindern wollen, müssen wir jetzt agieren, sonst werden wir sehr viele unserer Töchter und Söhne auf fremden Boden verlieren. In einem Krieg, der zu vermeiden gewesen wäre.

Jetzt möchte ich einen Vorschlag unterbreiten, wie man mit Empathie diesen Konflikt in die richtige Richtung lenken kann. Dazu möchte ich Ihnen eine Geschichte aus meiner Jugend erzählen, die als Beispiel dafür gilt. Ich hatte einen Freund, der drogensüchtig war. Er war dadurch ein Außenseiter, aber irgendwie kam er in unsere Clique. Wir merkten, durch den Kontakt mit uns veränderte sich langsam seine Sichtweise auf das Leben, das er bislang geführt hatte. Er begann, wieder einen Sinn in seinem Leben zu sehen, nicht zuletzt, weil er Angst hatte, seinen neuen Freundeskreis ansonsten zu verlieren. Irgendwann hörte er auf, Drogen zu nehmen, distanzierte sich von seinen früheren Freunden und begann, sich in die Gesellschaft zu integrieren.

Was wir daraus lernen können: Wenn jemand etwas zu verlieren hat, dann bemüht er sich. Gefährlich wird jene Sorte von Menschen, die nichts mehr zu verlieren hat.

Überlegen wir doch für einen Moment, weshalb für uns Europäer ein Krieg mit den USA undenkbar ist und weshalb diese aktuell angedrohten Zollsanktionen so schmerzhaft für uns sind: Weil wir miteinander Geschäfte betreiben und miteinander Profite erzielen. Wir - beide Seiten - haben Spaß dabei und dieser Spaß existiert im Falle Nordkoreas nicht.

Dazu ein Beispiel: Wenn ich plane, Aktien zu kaufen, beispielsweise von der Deutschen Bank, dann besteht mein erster Schritt darin, darüber zu lesen, welche Empfehlungen amerikanische Ratingagenturen wie Standard & Poor's abgeben. Gibt es eine Kaufempfehlung, dann kaufe ich, wenn nicht, dann wende ich mich lieber einem anderen Unternehmen zu.

Bevor ich in den USA mein Geld anlege, werde ich mir diesen Schritt gut überlegen, und abwägen, ob ich dort Geld verdienen kann und ob mir diese Form des Miteinanders auch Spaß bereitet. Wir leben in einer freien Welt und würden uns nicht das Leben unnötig schwer machen, nicht wahr? Letztlich betreiben wir in Europa gerne Geschäfte mit den USA, weil wir positive Gefühle damit verbinden und wenn plötzlich Strafzölle diese Freude trüben, dann entsteht Schmerz. Nämlich darüber, etwas Schönes zu verlieren. Darum geht es.

Doch dieses Gefühl kennen die Nordkoreaner nicht, denn sie kennen diesen Schmerz nicht, da sie nichts zu verlieren haben. Das muss sich ändern und das gelingt uns nur, wenn wir im ersten Schritt diese unsäglichen Sanktionen beenden und dann damit beginnen, zusammenzuarbeiten. Das bedeutet auch, wir dürfen nicht das fordern, das Kim Jong-un unmöglich hergeben kann. Wir müssen für alle Beteiligten fair bleiben uns aus auf die Gemeinsamkeiten konzentrieren und nicht auf die Dinge, die uns voneinander trennen.

6 – Wie der Konflikt beendet werden kann

Selbst wenn seit April 2018 im Nordkorea-Konflikt die Zeichen auf Entwarnung stehen, weil es zu einem historischen Treffen zwischen Nord- und Südkorea kam und weil sich Donald Trump einem persönlichen Austausch mit Kim Jong-un gegenüber durchaus offen zeigt, sollte hier keine Euphorie aufkommen.

Wie ich bereits im fünften Kapitel schrieb, sollte man den angeblichen Sinneswandel des US-Präsidenten nicht zu früh feiern, denn ich halte ihn lediglich für einen geschickten Schachzug, um am Ende einen Militärschlag gegen Nordkorea einzuleiten.

Welche Rolle Deutschland spielen sollte

Egal, was es ist, es darf gegen Nordkorea kein Präventivschlag durchgeführt werden, nur weil eine theoretische Gefahr besteht, dass Kim Jong-un einen Angriffsbefehl erteilen könnte. Punkt.

Das bedeutet, die Vereinten Nationen müssen künftig derartige - in der Vergangenheit meist fadenscheinige - Begründungen für einen Präventivschlag (in diesem Falle gegen Nordkorea) genauestens prüfen und keinesfalls eine voreilige Zustimmung erteilen. Denn ein solcher Krieg wird höchst dramatische Folgen für uns haben, wie ich bereits in diesem Buch darlegte, denn dann erleben wir den Beginn des Dritten Weltkrieges, das ist uns allen bewusst.

Somit kommt den Vereinten Nationen diesmal eine besonders sensible Rolle zu, die viel Weitsicht und Stärke - vor allem gegenüber dem ständigen Mitglied im Sicherheitsrat: den USA - einfordern wird.

Aber auch Deutschland muss gerade jetzt eine viel stärkere Rolle in dieser Angelegenheit einnehmen, als es bislang der Fall war. Schließlich zählt dieses Land auf der einen Seite zu den wichtigsten Staaten auf diesem Planeten mit einer Regierung, die international respektiert wird. Deutschland mit Europa zusammen muss in diesem Konflikt eine Vorbildrolle einnehmen und die europäische Außenpolitik muss jetzt endlich aktiv etwas unternehmen, um die an diesen Konflikt beteiligten Personen in die richtige Richtung zu lenken.

Was muss geschehen?

Der Hauptgrund für diesen Konflikt liegt aus meiner Sicht darin, dass ein kommunistisches Land sein Atomwaffenprogramm weiter ausbaut. Darauf ging ich bereits im vorherigen Kapitel ausführlicher ein. Deshalb setzen insbesondere die USA dieses Land so vehement unter Druck und unternehmen so ziemlich alles, um einen Krieg mit Nordkorea zu provozieren.

An dieser Stelle möchte ich klar und deutlich kommunizieren, dass ich nichts gegen den Kapitalismus habe, sondern nur gegen dessen krebsartigen Auswüchse, die schonungslos alles zerstören, nur um des Reichtums und der Macht willen. Ich halte eine kapitalistische Grundhaltung für völlig legitim, so lange ein gewisses Gleichgewicht gewahrt bleibt. Die Zerstörung des Weltklimas, Ausbeutung unserer natürlichen Ressourcen, Unterdrückung von Menschen und Vernichtung von Leben nur der kapitalistischen Vermehrung wegen lehne ich ab.

Europa muss also in dieser Angelegenheit eine Vorbildfunktion einnehmen, die Vereinten Nationen sollen sich nicht mit fadenscheinigen Begründungen von den USA zufriedengeben, wenn diese tatsächlich Nordkorea angreifen wollen. Genügt das, um den Konflikt zu beenden? Nein, natürlich nicht.

Was jetzt geschehen muss, ist zum einen den nordkoreanischen Staat mit seinen Menschen, seinem Anführer, seiner politischen Einstellung, seiner Weltanschauung zu akzeptieren, wie er ist und dann müssen wir beginnen, uns einander endlich anzunähern.

Ich spreche mich dafür aus, jetzt mit Austauschprogrammen für Studenten zu beginnen und Wirtschaftsdelegationen nach Nordkorea reisen zu lassen, um gemeinsame Projekte auszuloten. Wir müssen einander kennenlernen, denn nur auf diese Weise lassen sich Kriege verhindern.

Warum schreibe ich das? Weil es uns Menschen - normalerweise - weit schwerer fällt, einen Menschen zu verletzen, zu dem wir eine persönliche Beziehung haben, als zu jemanden, den wir nicht kennen. Wenn Staaten miteinander in einer Reihe von Beziehungen stehen, gewährleistet das gleichzeitig den Frieden.

Natürlich geht es hier nicht darum, ein Netz von McDonalds-Läden in Nordkorea zu errichten. Hier gilt es, das kommunistische System Nordkoreas zu respektieren, denn das werden wir - der Westen und alle kapitalistischen Länder - nicht ändern und es steht uns auch nicht zu. Doch was spricht dagegen, wenn beispielsweise Daimler eine Fabrik in der Nähe von Pjöngjang errichtet, in der eintausend Menschen arbeiten? Wirtschaftliche Kooperation bedeutet nicht automatisch die Installation eines kapitalistischen Modells.

Wie ich bereits in meinem Buch „Der fremde Erfolgsfaktor“ schrieb, müssen wir dafür sorgen, dass die Menschen etwas zu verlieren haben, in diesem Falle sind es Hoffnung, Wohlstand und eine sichere Zukunft. Das benötigen die Menschen in Nordkorea genauso wie dessen oberste Führung. Ein Volk, das mit dem Rücken zur Wand steht, das so viele Sanktionen aushalten muss, dass sämtliche Hoffnung auf einen Ausweg verloren gegangen ist, wird am Ende Hass auf die Verursacher dieser Situation entwickeln und dann braucht es nur noch einen Funken, damit alles explodiert und sich dieser gesamte Hass entlädt. Die Geschichte darf sich nicht wiederholen, deswegen müssen wir jetzt auf Nordkorea zugehen und dafür sorgen, dieses Land reich zu machen.

Wohlstand, Reichtum? Wie passt das mit der kommunistischen Haltung zusammen? Hier sollten wir uns von unserer kapitalistischen Denkweise lösen, demnach Reichtum und Wohlstand mit materiellen Gütern gleichgesetzt werden, die sich im Besitz von Personen befinden. In Nordkorea bedeutet Wohlstand und Reichtum bereits, nicht verhungern zu müssen, an eine Universität gehen zu können und das verstehe ich darunter.

Damit es auch tatsächlich gelingt, Nordkorea zu einem Partner werden zu lassen, müssen wir - die EU mit ihren 27 Staaten - an unserer Einstellung arbeiten. Wir, die EU, müssen Kim Jong-un so nehmen, wie er ist und nicht, wie wir ihn gerne hätten. Damit das gelingt, halte ich es für wichtig, dass wir uns auf die Grundlagen der Diplomatie besinnen. Darauf, was uns miteinander verbindet, statt uns auf das zu konzentrieren, was uns voneinander trennt.

Wir müssen gegenseitige Übereinstimmungen finden und alle anderen Punkte sollten wir erstmals weglassen. Diese - vorerst - einfach beiseiteschieben. Dabei kann es sich um vollkommen banale Dinge handeln.

Atmen wir beide Luft ein? Ja, wir beide atmen Luft.

Ist der Himmel blau? Stimmt, der Himmel ist blau.

Ist diese Farbe rot? Nein, das sehe ich anders. Gut, aber sind wir uns einig, dass es sich dabei nicht um die Farbe Grün handelt? Vielleicht ist es eher ein Orange als ein Rot, aber kein grün? Ja, das stimmt, darauf können wir uns einigen.

Verstehen Sie, was ich meine? Wenn wir - die Europäische Union mit ihren 27 Staaten - nämlich daran mit Nordkorea arbeiten, finden wir eine Basis der Zusammenarbeit. Wenn wir uns auf die 98 Prozent konzentrieren, über die bereits eine Einigung besteht. Später können wir immer noch beginnen, uns jenen Punkten zu widmen, an denen sich größere Differenzen befinden, eben diese noch fehlenden 2 Prozent. Doch dann kann es ohne Weiteres passieren, dass diese Themen plötzlich überhaupt nicht mehr wichtig sind. So funktioniert Diplomatie und so sollten wir auch vorgehen: Indem wir Diplomatie und Wirtschaft miteinander in Einklang bringen, um Nordkorea zu einem Partner zu machen und auf diese Weise für dauerhaften Frieden sorgen.

Das Thema der Atomtestversuche der nordkoreanischen Regierung wäre so ein strittiger Punkt. Vielleicht, ich spekuliere mal, kommt dieser Punkt in zwei oder drei Jahren zur Sprache, nachdem Nordkorea und die EU in vielen Bereichen Austauschprogramme unterhalten, Fabriken gegründet wurden und vieles mehr. Vielleicht existiert dieser Streitpunkt dann gar nicht mehr, weil Nordkorea inzwischen das Interesse daran verloren hat, weil es vielleicht viel lieber gemeinsam mit der Europäischen Raumfahrtbehörde (ESA) ein gemeinsames Raumfahrtprojekt durchführt und dafür seine Ressourcen investiert.

Das alles kann durchaus passieren, es wird uns jedoch nur dann gelingen, wenn wir uns darauf konzentrieren, was uns vereint und nicht darauf, was uns voneinander trennt. Darauf gebe ich Ihnen Brief und Siegel.

Aus welchem Grund habe ich in diesem Beispiel die USA mit keinem Wort erwähnt? Das liegt daran, dass wir, die EU, hier aktiv werden müssen und nicht die Vereinigten Staaten von Amerika. Wir müssen eigenständiger werden, uns von den USA lösen, nur dann kann der Frieden gesichert werden. So lange die EU mit ihren 27 Staaten sozusagen am Rockzipfel des amerikanischen Präsidenten hängt, werden wir niemals alle unseren Potenziale ausspielen können. Eines dieser Potenziale liegt in der Diplomatie und in der Friedenssicherung.

Die USA müssen militärische Konflikte austragen, es handelt sich um eine Nation mit imperialer Ausrichtung. Dieses Land ist es gewohnt, laut und aggressiv aufzutreten und nach Macht und wirtschaftlichem Reichtum zu streben. Diese Erkenntnis bedeutet weder, dass es sich dabei um ein „gutes" noch um ein „schlechtes" Land handelt. Diese Wertung steht überhaupt nicht zur Diskussion. Es ist einfach so, uns sollte das einfach nur bewusst sein. Wir, die EU, muss lediglich wissen, mit wem sie es zu tun hat, mehr ist es nicht. Die USA sind ein wichtiger Partner der EU und das wird immer der Fall bleiben, gleichzeitig können auch andere Staaten zu Partnern der EU werden, selbst wenn diese nicht zu den erklärten Freunden Amerikas zählen. Mexiko beispielsweise, aber auch Russland, China oder Nordkorea. Warum auch nicht?

Der europäische Moralcode

An dieser Stelle möchte ich einen Schritt weiter gehen. Weg von der Propaganda, hin zur objektiven Meinungsbildung gegenüber Nordkorea. Der Beginn einer wirtschaftlichen Annäherung, Austauschprogramme und ein Kontakt auf Augenhöhe sind die wichtigsten Punkte, um den Konflikt mit Nordkorea zu beenden. Vor allem dann, wenn die EU hier eine Vorbildfunktion einnimmt. Nur dann kann auch weitgehend eine Militärintervention seitens der USA verhindert werden.

Diese von mir geforderte Vorbildfunktion der 27 Mitgliedstaaten darf sich jedoch nicht auf diesen Konflikt beschränken, sondern muss künftig eine wichtige Rolle für den Weltfrieden bedeuten. Das bedeutet, wir brauchen dringend jetzt eine gemeinsame europäische Außenpolitik, die sich auf Frieden und Menschenrechte besinnt und nicht nach Macht und Kapitalismus um jeden Preis strebt.

Der Weg dorthin ist ein europäischer Moralcode, der künftig als Basis für jegliche Entscheidung im Umgang mit anderen Staaten Anwendung finden muss. Ein Moralcode, der idealerweise eine Art Standardmodell für ein länderübergreifendes Miteinander darstellt.

Als Basis dafür gilt ein Umgang miteinander, der auf Gerechtigkeit basiert und dafür gibt es drei aufeinander aufbauende Verhaltensweisen, die je nach Situation Anwendung finden.

Level 1: Der Frieden auf der Welt wird mittels Gerechtigkeit gewährleistet. (Grundgerechtigkeit)

Kein Land darf einer anderen Nation Ressourcen wegnehmen, ohne dafür einen adäquaten Ausgleich vorzunehmen. Wenn ein mächtiger Staat seine Macht ausnützt, um beispielsweise Rohstoffe aus einem anderen Land abzubauen oder zu fördern - Erdöl etwa, oder Edelmetalle - dann muss dafür ein gleichwertiger Ausgleich geschaffen werden. Die Geschichte der Kolonisierung Afrikas (und anderer Teile der Welt) darf sich ebenso wenig wiederholen, wie andere Formen der Ausbeutung.

Level 2: Ärmere Staaten müssen von reicheren Ländern unterstützt werden.

Wenn ein Staat bedingt durch seine natürlichen Ressourcen oder anderer Faktoren gravierende Nachteile besitzt, muss die Weltgemeinschaft eingreifen und beispielsweise durch zinsfreie Kredite oder durch Förderprogramme für ein Gleichgewicht sorgen. Es kann nicht sein, dass reiche

Staaten auf Kosten ärmerer Länder immer reicher werden. Dieses Ungleichgewicht ist ein Nährboden für Gewalt und Konflikte. Langfristig werden wir Kriege nur verhindern können, wenn wir die Schere zwischen armen und reichen Staaten abfedern. Aufheben werden wir sie wahrscheinlich niemals können, wir können diese jedoch reduzieren. Das bedeutet jetzt nicht, dass reiche Staaten wie Deutschland nur Kredite finanzieren sollen. So etwas kann auch nicht klappen. Vielmehr zielt es darauf ab, dass diesen Ländern zusätzlich durch entsprechende Wirtschaftsprogramme geholfen wird. Maßnahmen, die natürlich auch den reichen Staaten zugutekommen. So könnte etwa einem ärmeren Land wie beispielsweise Rumänien geholfen werden, indem durch entsprechende Programme der Tourismus angekurbelt wird oder indem Wirtschaftskongresse und ähnliche Veranstaltungen in Bukarest stattfinden.

Level 3: Als höchste Stufe der Gerechtigkeit, sollte eine Form des Miteinanders entstehen, als würden wir mit unseren eigenen Kindern umgehen.

Darunter verstehe ich Folgendes: Wenn ich meinem Kind einen größeren Geldbetrag leihe, weil es sein eigenes Unternehmen aufbauen möchte und es scheitert mit diesem Vorhaben, wie werde ich mich verhalten? Werde ich ihm die Anwälte an den Hals hetzen und alles bis zum letzten Cent zurückverlangen? Werde ich Sanktionen durchführen, bis ich zu meinem Recht komme? Nein. Ich helfe meinen Kindern, so gut ich kann und ich weiß, das nächste Mal wird es besser klappen.

In der höchsten Stufe der Gerechtigkeit sollten wir uns als Staaten ähnlich verhalten.

Bestes Beispiel ist für mich der Umgang mit Griechenland dar, als eine Form der Gerechtigkeit zwischen der Stufe zwei und drei. Als der griechische Staat quasi Bankrott erlitt, wussten wohl alle Staaten innerhalb der EU, dass die Chance auf eine Rückerstattung der Kredite beinahe gegen Null lag. Trotzdem gaben wir den Griechen Geld. Zwar forderten wir entsprechende Vorgaben ein, die der Staat durchführen musste, doch wir hätten ihnen das Geld wahrscheinlich auch so gegeben. Plötzlich geschah etwas Fantastisches: Die griechische Wirtschaft erholte sich immer mehr und konnte sogar einen Teil seiner Kredite zurückzahlen. Natürlich schmerzten die griechische Bevölkerung diese Einschnitte, doch insgesamt befindet sich Griechenland auf dem Weg der „Heilung".

Mit dieser Haltung legen wir den Grundstein für einen friedlichen Umgang miteinander. Selbstverständlich werden nicht automatisch alle Länder diesem Weg folgen.

Ich bin davon überzeugt, dass wir dadurch unsere Weltgemeinschaft auf ein neues Niveau heben können. Wir müssen diesen friedlichen Weg vorleben, nur so können wir einem Staat wie Amerika mit seinem 700 Milliarden Dollar Militärbudget entgegentreten. Nämlich nicht mit Gewalt, denn diese Sprache verstehen die USA, sondern mittels Frieden, wie ich an anderer Stelle im Buch bereits schrieb.

Der Friedenskodex

Doch der Moralcode alleine genügt nicht, um einen dauerhaften Frieden auf dieser Welt zu gewährleisten. Aus diesem Grund benötigt die EU einen Weg, geschlossen zu handeln, sollte es zu einem Konflikt zwischen zwei Staaten kommen. Auch in diesem Fall plädiere ich für drei Stufen, um eine Kriegsgefahr schnellstmöglich abzuwenden, wobei die erste Stufe die beste Lösung bedeutet und Stufe 3 als minimalste Reaktion zu sehen ist.

1. Wenn ein unterlegenes Land angegriffen wird, also ohne rationalen Grund. Etwa wie im Falle eines völkerwiderrechtlichen Krieges soll die EU den Angreifer nicht militärisch attackieren, jedoch entsprechend intervenieren. Dazwischen gehen, das meine ich damit.

Dann müssen schnellstmöglich Blauhelme eingesetzt werden, um die Grenzen dieses Landes zu sichern, um eine physische Barriere herzustellen, damit der Aggressor seinen Angriff stoppt. Wir müssen sie als einen defensiven Schutz anbieten und dürfen uns natürlich erst dann wehren, wenn unsere Blauhelme angegriffen werden.

2. Falls dieser Weg nicht möglich ist, also der unmittelbare Einsatz von UNO-Soldaten (oder einer vergleichbaren Friedenstruppe) nicht durchgeführt werden kann, muss die EU diesen kriegerischen Akt so lautstark wie möglich verurteilen. Hier muss eine klare internationale Verurteilung durch die 27 Mitgliedsstaaten erfolgen, ohne Ausnahme. Und das gelingt nur durch eine gemeinschaftliche EU-Außenpolitik, in der Einigkeit herrscht.

3. Sollte dieser zweite Weg auch nicht möglich sein, muss zumindest eine klare Haltung eingenommen werden. Was meine ich damit? Es ist nicht immer möglich, Blauhelme zur Friedenssicherung zu entsenden oder internationalen Protest einzulegen. Doch wenigstens eine persönliche Verurteilung sollte erfolgen, die innere Einstellung, die diese Tat ablehnt. In dieser schwächsten Stufe soll eine innere Verurteilung stattfinden. Das ist das Mindeste, das man erwarten kann.

Damit beispielsweise intern - innerhalb der Europäischen Gemeinschaft - klar ist, dass dieses bestimmte Verhalten eines Staates verurteilt wird. Das ist nicht viel, doch glauben Sie mir, eine derartige Position bewirkt sehr wohl etwas auf dieser Welt. Aber nur dann, wenn diese Haltung aus tiefer Überzeugung und nicht halbherzig erfolgt. Es ist zumindest besser, als nichts zu machen und zuzusehen, wie Menschenleben der Gier wegen zerstört werden. Jedenfalls solange, bis wir die Kraft besitzen, nach Stufe zwei oder Stufe eins vorzugehen.

Warum bezieht sich meine Forderung auf die Europäische Union und nicht auf die Vereinten Nationen? Weil ich ein Europäer bin und weil ich davon überzeugt bin, dass wir das Problem lösen sollten und auch die Kraft dazu besitzen.

Die Kraft des Karmas

Zum Konflikt zwischen den USA und Nordkorea wurde inzwischen eine Menge geschrieben und ich bin mir sicher, alle Lösungen dazu befinden sich in diesem Buch. Auch kommt klar heraus, welche Rolle das vereinigte Europa mit seinen 27 Mitgliedern einnehmen muss, um künftig für dauerhaften Frieden auf der Welt zu sorgen.

Jetzt möchte ich zum Abschluss ein paar Worte zu einem Thema schreiben, dass die moralische Verpflichtung uns selbst gegenüber, aber auch gegenüber der gesamten Welt betrifft. Ich persönlich bin davon überzeugt, dass unser gesamtes Handeln immer wieder zu uns zurückkehrt. Wir bekommen immer das zurück, was wir säen, ganz gleich, ob es sich dabei um gute oder schlechte Taten handelt. Dieses Prinzip finden wir in den verschiedensten Religionen unter unterschiedlichen Begriffen, doch soweit möchte ich jetzt gar nicht gehen, denn unabhängig, ob man sich als religiös betrachtet oder nicht: Ich bin davon überzeugt, dass jeder Mensch, ja sogar jeder Staat die Energie, die er aussendet, wieder zurückerhält. Wenn Ihnen das Wort „Karma“ nicht gefällt oder wenn es für Sie zu spirituell klingt, dann ersetzen Sie es einfach durch „Ursache und Wirkung“. Am Ende läuft es immer auf das Gleiche hinaus.

Als wir Europäer uns am Syrienkonflikt beteiligten, indem wir Waffen lieferten, aktiv an den Kampfhandlungen teilnahmen, die Organisation und Logistik unterstützten, trafen wir diese Entscheidung in erster Linie deshalb, weil wir unserem Partner USA folgen wollten. Ich finde, man kann es jetzt drehen und wenden wie man will, am Ende läuft es darauf hinaus. Wir wollten unserem Freund Amerika in dieser Sache unterstützen, auch wenn uns klar war, dass es nicht richtig ist und sich um einen dreckigen Job handelte.

Wir haben damit gleichzeitig eine Entscheidung getroffen. Wir haben mit diesem Krieg in Syrien unser Karma bewusst verschoben. Danach war plötzlich nichts mehr so, wie es einmal war. Zuerst kamen die vielen Menschen, die Schutz bei uns suchten, dann kam der Terror nach Europa, dann kam der Brexit und jetzt kam Donald Trump. Unser ehemaliger Freund - die USA - zeigte uns, dass er auch ein anderes Gesicht besitzt und nicht einmal mit der Wimper zucken würde, wenn sein Messer unser Herz durchstieße. Wir, die Europäische Gemeinschaft, wandte der Gerechtigkeit den Rücken zu, um einem Freund zu gefallen, und genau das fällt uns nun auf die sprichwörtlichen Füße. Wir bekommen die Rechnung für unsere Taten serviert und diese Suppe müssen wir jetzt ganz alleine auslöffeln.

Das müssen wir auch machen und aus meiner Sicht besteht die einzige Möglichkeit darin, wieder den Weg der Gerechtigkeit zu gehen und auf unser Herz und unseren Verstand hören.

Ich bin außerdem davon überzeugt, dass alles auf diesem Planeten einen Sinn ergibt und dieser Sinn besteht darin, Frieden zu sichern, sich gegenseitig zu respektieren, ganz gleich, welche Einstellung, Religion oder was auch immer uns voneinander unterscheidet, und dass wir Menschlichkeit aktiv leben.

Danksagung

Ich möchte mich zunächst einmal bei der fantastischen Künstlerin Saira Wasim bedanken, die das Coverbild für dieses Buch für mich malte und meine Vorstellungen exzellent umsetzte. Außerdem bedanke ich mich bei Markus Miksch, der mir half, meine Gedanken zu Papier zu bringen und immer die passenden Worte fand.

Quellenangaben

Vorwort

[1] Endnote: Dieses Statement befindet sich im Original im Anhang dieses Buches

[2] https://www.diplomatic-council.org/de/ueberblick/prinzipien/

1 – Nordkorea

[1]https://de.wikipedia.org/wiki/Atombombenabwürfe_auf_Hiroshima_und_Nagasaki

[2] https://de.wikipedia.org/wiki/Nordkorea

[3] https://de.wikipedia.org/wiki/Geschichte_Koreas

[4] https://de.wikipedia.org/wiki/Potsdamer_Erklärung

[5] https://de.wikipedia.org/wiki/Geschichte_Koreas#Kolonialzeit

[6] https://de.wikipedia.org/wiki/Koreakrieg und https://www.welt.de/geschichte/article168439497/Diese-Waffen-praegten-den-ersten-Koreakrieg.html

[7] https://de.statista.com/statistik/daten/studie/199596/umfrage/lebenserwartung-in--europa-nach-geschlecht-und-region/ und https://de.wikipedia.org/wiki/Nordkorea

[8] https://de.wikipedia.org/wiki/Nordkorea#cite_note-17

[9] https://de.wikipedia.org/wiki/Liste_der_ Universitäten_in_Nordkorea

[10] http://www.kultura-extra.de/extra/feull/ bildungssystem_nordkorea.html

[11] https://de.wikipedia.org/wiki/Liste_von_Staaten_nach_Alphabetisierungsrate

[12] http://www.tagesspiegel.de/politik/duerre-in-nordkorea-viele-raketen-und-noch-mehr-hunger/20093370.html
[13] https://de.wikipedia.org/wiki/Wirtschaft_Nordkoreas

[14] https://de.wikipedia.org/wiki/Tourismus_in_Nordkorea

[15] https://www.focus.de/reisen/service/tid-16229/reisesicherheit-usa_aid_454731.html

[16] https://www.berliner-zeitung.de/ratgeber/reise/hohe-mordraten-das-sind-die-gefaehrlichsten-staedte-der-welt-29863454

[17] https://www.welt.de/vermischtes/article160311057/So-will-Nordkorea-den-Mond-erobern.html

[18] https://de.wikipedia.org/wiki/Liste_der_raumfahrenden_Staaten#Nordkorea

[19] https://de.wikipedia.org/wiki/Nordkoreanisches_Kernwaffenprogramm

[20] http://www.bild.de/politik/ausland/atombombe/ laender-mit-atomwaffen-52332330.bild.html

[21] Sollten Sie mehr darüber erfahren wollen, verweise ich auch an dieser Stelle auf das Buch „Illegale Kriege“ von Danielle Ganser

[22] http://visionofhumanity.org/indexes/global-peace-index/

2 – Der Konflikt

[1] https://twitter.com/realdonaldtrump/ status/851767718248361986?lang=de

[2] https://www.morgenpost.de/politik/ article211534613/USA-gegen-Nordkorea-Der-gefaehrlichste-Konflikt-der-Welt.html

[3] https://twitter.com/i/moments/ 895005799927250944?lang=de

[4] https://de.wikipedia.org/wiki/Erster_Weltkrieg und https://de.wikipedia.org/wiki/Tote_des_Zweiten_Weltkrieges

[5] http://www.spiegel.de/wirtschaft/soziales/mitten-im-handelsstreit-china-ist-wieder-groesster-us-glaeubiger-a-1163038.html

[6] http://www.spiegel.de/politik/ausland/nordkorea-kim-jong-un-nennt-donald-trump-geistig-umnachtet-und-erwaegt-test-von-wasserstoffbombe-a-1169228.html

[7] http://www.spiegel.de/politik/ausland/usa-schickt-us-bomber-vor-kueste-von-nordkorea-a-1169521.html

[8] http://www.spiegel.de/politik/ausland/donald-trump-gegen-nordkorea-sie-werden-nicht-mehr-lange-da-sein-a-1169533.html

[9] http://www.spiegel.de/politik/ausland/nordkorea-wertet-donald-trumps-worte-als-kriegserklaerung-a-1169841.html

[10] http://www.spiegel.de/politik/ausland/nordkorea-und-der-atomkonflikt-eu-weitet-sanktionen-aus-a-1172292.html

[11] http://www.spiegel.de/politik/ausland/ militaeruebung-us-bomber-fliegen-nahe-nordkorea-a-1172342.html

[12] http://www.spiegel.de/politik/ausland/ nordkoreakrise-usa-und-suedkorea-halten-seemanoever-ab-a-1173048.html

[13] http://www.spiegel.de/politik/ausland/nordkorea-atomkrieg-koennte-jeden-moment-beginnen-a-1173212.html

[14] http://www.spiegel.de/politik/ausland/nordkorea-donald-trump-droht-jimmy-carter-will-vermitteln-a-1174167.html

[15] http://www.spiegel.de/politik/ausland/james-mattis-usa-werden-atommacht-nordkorea-nie-akzeptieren-a-1175201.html

[16] http://www.spiegel.de/politik/ausland/nordkorea-bezeichnet-donald-trump-als-kriegshetzer-a-1177580.html

[17] http://www.spiegel.de/politik/ausland/nordkorea-zeitung-berichtet-von-todesurteil-gegen-donald-trump-a-1178065.html

[18] http://www.spiegel.de/politik/ausland/donald-trump-setzt-nordkorea-wieder-auf-terrorliste-a-1179440.html

[19] http://www.faz.net/aktuell/politik/trumps-praesidentschaft/amerika-erhoeht-massiv-seinen-verteidigungsetat-15296477.html

[20] http://www.spiegel.de/politik/ausland/ranghoher-uno-diplomat-jeffrey-feltman-reist-nach-nordkorea-a-1181735.html

[21] http://www.spiegel.de/politik/ausland/nordkorea-kim-jong-un-droht-in-neujahrsansprache-mit-atomwaffen-knopf-a-1185744.html

[22] http://www.spiegel.de/politik/ausland/nordkorea-kim-jong-un-schwester-kim-yo-jong-faehrt-zu-olympia-a-1192157.html

[23] http://www.spiegel.de/politik/ausland/kim-jong-uns-neujahrsansprache-diplomatische-offensive-aus-pjoengjang-a-1185781.html

[24] http://www.spiegel.de/politik/ausland/donald-trump-reagiert-auf-kim-jong-un-mein-atomknopf-ist-groesser-als-seiner-a-1185950.html

[25] http://www.spiegel.de/politik/ausland/nordkorea-donald-trump-wuerde-mit-kim-jong-un-telefonieren-a-1186580.html

[26] http://www.spiegel.de/politik/ausland/nordkorea-us-vizepraesident-mike-pence-kuendigt-neue-sanktionen-an-a-1192246.html

3 - Sanktionen sind nicht immer positiv

[1] https://www.gegenfrage.com/obama-us-regierung/

[2] https://www.gigahamburg.de/de/ system/files/publications/gf_global_1011.pdf

[3] https://de.wikipedia.org/wiki/ Friedensvertrag_von_Versailles

[4] https://www.br.de/alphalernen/faecher/wirtschaft-und-arbeit/wirtschaftskrise-crash-depression-104.html

[5] https://de.wikipedia.org/wiki/Tote_des_ Zweiten_Weltkrieges

[6] https://de.wikipedia.org/wiki/Angriff_auf_Pearl_Harbor

[7] https://www.welt.de/debatte/kommentare/ article9783521/Der-vergessene-Krieg-gegen-Iraks-Zivilbevoelkerung.html

[8] https://www.welt.de/print/welt_kompakt/print_politik/article139790147/Wie-der-Islamische-Staat-entstand.html

4 - Die Medien und die Kriegspropaganda

[1] https://www.zdf.de/nachrichten/heute/chronologie-zum-fall-skripal-100.html

[2] https://www.welt.de/politik/ausland/ article174953573/Skripal-Affaere-Warum-mehrere-EU-Laender-keine-russischen-Diplomaten-ausweisen.html

[3] https://de.sputniknews.com/politik/20180325320058055-skripal-nervengift-entwickelt-usa/

[4] http://www.faz.net/aktuell/politik/inland/sergej-skripal-russisches-nowitschok-labor-angeblich-identifiziert-15527348.html

[5] https://deutsch.rt.com/europa/66954-britischer-ex-botschafter-zu-skripal-russland/

[6] http://www.spiegel.de/politik/ausland/sean-spicer-vergleicht-baschar-al-assad-mit-adolf-hitler-a-1142961.html

[7] https://de.wikipedia.org/wiki/Diktatur

[8] https://beruhmte-zitate.de/zitate/1692292-desmond-tutu-als-die-ersten-missionare-nach-afrika-kamen-besass/

[9] https://de.wikipedia.org/wiki/Kosovokrieg#NATO-Militärintervention:_Folgen_und_Bewertung

[10] http://www.unwortdesjahres.net/index.php?id=33

[11] https://de.wikipedia.org/wiki/Achse_des_Bösen

[12] Anmerkung: Der Handel mit Erdöl wird in erster Linie in Dollar abgewickelt, wodurch sich der Begriff „Petrodollar“ einbürgerte

[13] http://www.zeit.de/politik/ausland/2017-12/trump-militaer-ausgaben-sicherheitsstrategie

[14] SIPRI, Trends in world military expenditure, 2017; Trends in world military expenditure, 2017, Seite 2

5 - Warum existiert dieser Konflikt wirklich?

[1] http://www.sueddeutsche.de/politik/ waffeninspektoren-im-irak-rueckzug-im-stillen-1.918273

[2] https://www.focus.de/politik/ausland/gott-spricht-durch-mich_aid_100097.html diesen ganzen Satz vielleicht als Anmerkung in die Endnoten stellen

[3] https://de.wikipedia.org/wiki/We_are_the_99_percent

[4] http://www.amerikareport.de/2018/01/15/us-wissenschaftler-warnt-nordkorea-hat-bereits-60-atombomben/

[5] https://de.wikipedia.org/wiki/Liste_der_ Militäroperationen_der_Vereinigten_Staaten

[6] http://www.krone.at/548797

[7] http://www.atomwaffena-z.info/heute/unter-verdacht.html

[8] https://de.wikipedia.org/wiki/Atomwaffensperrvertrag